中国光伏发电行业发展报告

China Solar PV Generation Industry Development Report 2021

水电水利规划设计总院　主编

图书在版编目（CIP）数据

2021中国光伏发电行业发展报告／水电水利规划设计总院主编．－－北京：中国经济出版社，2022.8
　　ISBN 978-7-5136-7018-0

Ⅰ.①2… Ⅱ.①水… Ⅲ.①太阳能发电–电力工业–工业发展–研究报告–中国–2021 Ⅳ.① F426.61

中国版本图书馆CIP数据核字（2022）第130380号

审图号：GS京（2022）0607号

策划编辑	姜　静
责任编辑	郑　潇
责任印制	马小宾

出版发行	中国经济出版社
印 刷 者	北京富泰印刷有限责任公司
经 销 者	各地新华书店
开　　本	889mm×1194mm　1/16
印　　张	4.75
字　　数	110千字
版　　次	2022年8月第1版
印　　次	2022年8月第1次
定　　价	198.00元

广告经营许可证　京西工商广字第8179号

中国经济出版社　网址 www.economyph.com　社址 北京市东城区安定门外大街58号　邮编 100011
本版图书如存在印装质量问题，请与本社销售中心联系调换（联系电话：010-57512564）

版权所有　盗版必究（举报电话：010-57512600）
国家版权局反盗版举报中心（举报电话：12390）　　服务热线：010-57512564

编委会
Editorial Board

编审委员会　　彭　程　水电水利规划设计总院

　　　　　　　　王世江　中国光伏行业协会

　　　　　　　　侯学众　国家电力投资集团有限公司

主　　　编　　赵增海　易跃春

副　主　编　　郭雁珩　谢宏文　江　华　张　昊

　　　　　　　　宋述军

校　　　审　　艾　琳　刘建东

编写人员　　　邱　辰　叶　幸　魏景东　李嘉彤

　　　　　　　　庞秀岚　王　烁　张木梓　王　源

　　　　　　　　王昊轶　陈娟娟　司俊龙　冯泽深

　　　　　　　　李　莹　王　烨　马琳琳　张汉强

前言
Foreword

2013年以来，在国家一系列激励政策的支持下，我国光伏发电新增装机容量连续9年保持世界第一，应用规模不断扩大，技术持续进步，成本加速下降，市场竞争力显著提高，光伏发电已成为新增电源投资的主力军，并肩负起构建新型电力系统、促进能源绿色低碳转型、助力实现碳达峰碳中和目标新的使命。2021年，光伏发电进入平价时代，在政策环境、开发建设机制等方面不断优化激励下，行业发展再上新台阶。

在政策环境方面，2021年是国家推动光伏发电产业实现高质量发展的关键之年。规模管理方式优化调整为基于可再生能源电力消纳保障机制的目标导向，保障性、市场化等多元并网保障机制促进消纳，新建光伏发电项目全部平价上网，参与市场化交易政策全面激活。

在开发建设方面，2021年新增装机容量5488万千瓦，累计装机容量达到3.06亿千瓦，新增装机和累计装机均保持世界首位。从项目类型看，集中式光伏电站新增装机2560万千瓦，分布式光伏发电新增装机2928万千瓦，分布式光伏发电占全部新增装机的53.4%，首次突破50%，集中式光伏电站与分布式光伏发电并举发展趋势明显。

在产业方面，2021年尽管受到新冠肺炎疫情、供应链价格波动等因素影响，我国光伏发电产业各环节的产业规模仍保持快速增长势头，对外贸易规模快速扩大。多晶硅、硅片、电池片、组件产量分别达到50.6万吨、226.6吉瓦、197.9吉瓦、181.8吉瓦，在全球产能中占绝对优势。我国光伏产业在参与国际竞争中具有产业化领先优势，引领全球技术发展趋势。

2021年，我国光伏发电行业在政策环境、开发建设以及产业发展等方面取得了一系列的新成绩，同时行业发展的边界条件、发展要求也在发生重大变化，行业发展挑战与机遇并存。因此，有必要对2021年光伏发电行业的发展情况进行全面分析和总结，在此基础上，围绕助力实现国家"碳达峰、碳中和"目标，分析2022年行业发展面临形势，展望发展趋势，引导行业健康、可持续、高质量发展。

《2021中国光伏发电行业发展报告》(以下简称《报告》)分六篇，覆盖政策法规、开发应用、产业发展、国际合作、形势与展望等方面。《报告》系统分析中国光伏发电产业宏观环境及政策体系，总结中国光伏发电行业建设运行、区域发展、全产业链生产等发展现状，介绍国际合作亮点，研判未来行业发展趋势，力求向社会全面展示我国光伏发电行业发展现状和趋势。

《报告》是我国光伏发电行业发展的综合性研究报告，汇聚了我国规划设计、政策研究、产业发展、投资开发等领域权威机构的最新研究成果。《报告》由国家能源局指导，水电水利规划设计总院牵头，中国光伏行业协会、国家电力投资集团有限公司等单位共同编制。《报告》内容尚有不完善之处，恳请读者批评指正。

《2021中国光伏发电行业发展报告》编写组

2022年7月

目录
Content

1	概述	1

1.1	政策环境	2
1.2	建设运行	3
1.3	装备制造	4
1.4	发电成本	4

2	政策法规篇	7

2.1	建设管理	8
2.2	消纳保障	10
2.3	电价政策	14
2.4	补贴机制	17
2.5	行业监测	17
2.6	金融支持	18
2.7	电力市场交易	19
2.8	科技研发	20

3 开发应用篇　25

3.1	太阳能资源	26
3.2	前期管理	27
3.3	建设运行	29
3.4	区域发展	36
3.5	分布式光伏	46
3.6	电力市场交易	49
3.7	投资成本	50

4 产业发展篇　53

4.1	产业规模	54
4.2	进出口情况	54
4.3	技术创新	55
4.4	产品价格	57

5 国际合作篇　59

5.1	全球光伏概述	60
5.2	装备制造合作	61
5.3	国际标准参编	61

6 形势与展望篇　63

6.1	面临形势	64
6.2	发展趋势与市场展望	65

1 概述
Overview

2021年是我国光伏发电进入平价新阶段的元年，尽管受到政策环境变化、新冠肺炎疫情以及复杂国际局势影响，我国光伏发电行业凭借自身产业优势，仍然保持了稳中有升的发展态势。行业管理和产业政策不断优化，市场化交易有序启动；建设运营取得新成效，新增装机容量创历史新高，发电量稳步快速提升，发电利用率保持较高水平；市场竞争力显著增强，制造规模持续扩大，技术水平不断提升，对外贸易快速扩大；总投资同比上升，单位投资成本虽略有上涨，但总体趋势向好。

1.1 政策环境

1 行业管理方式调整优化

2021年，国家进一步完善新能源行业发展机制，按照目标导向和责任共担原则，根据"十四五"规划目标，下达各省（区、市）年度可再生能源电力消纳责任权重，引导各地结合消纳责任权重和新能源合理利用率目标，确定本省（区、市）年度新增风光电项目并网规模和新增核准（备案）规模，统筹衔接好项目开发建设和储备。

2 建立并网多元保障机制

2021年，建立保障性并网、市场化并网等并网多元保障机制。各省（区、市）完成年度非水电最低消纳责任权重所必需的新增并网项目，由电网企业实行保障性并网；对于保障性并网范围以外仍有意愿并网的项目，可通过自建、合建共享或购买服务等市场化方式落实并网条件后，由电网企业予以并网。

3 新建项目平价上网

2021年，对新备案集中式光伏电站、工商业分布式光伏项目，中央财政不再补贴，上网电价按当地燃煤发电基准价执行，光伏Ⅰ～Ⅲ类资源区新建项目执行电价平均值与2020年指导价相比每千瓦时分别降低0.0844元、0.082元、0.0938元。

4 绿电市场化交易试点启动

2021年，绿色电力交易试点启动，首次交易涉及16个省（区），共达成交易电量79亿千瓦时（交易期限为1～5年）。

1.2 建设运行

1 新增装机容量创历史新高

2021年，全国光伏发电新增装机容量5488万千瓦，同比增长17.2%，除户用分布式光伏外，大部分新增装机为平价光伏发电项目，累计装机容量达到3.06亿千瓦，新增和累计装机均居世界首位。

2 分布式光伏表现突出

2021年，分布式光伏发电新增装机容量2928万千瓦，同比增长84%，占全部光伏发电新增装机容量的53.4%，历史上首次突破50%，光伏发电集中式与分布式并举的发展趋势明显。

3 发电量持续提高

2021年，光伏发电量进一步提升，达到3259亿千瓦时，同比增长25.1%，占电源总发电量的4%，同比提升0.6个百分点。2021年，光伏发电平均利用小时数达到1163小时，与上年基本持平。

4 发电利用率保持较高水平

2021年，光伏发电利用率达到98%，与上年持平。2020年光伏消纳问题较为突出的新疆、西藏等地光伏消纳水平显著提升，光伏利用率同比分别提升2.8个和5.6个百分点。

1.3 装备制造

1 制造规模持续扩大

2021年，尽管受到新冠肺炎疫情、供应链价格波动等因素影响，在国内外市场需求推动下，我国光伏产业规模仍加速扩张，多晶硅、硅片、电池片及组件产量分别达到50.6万吨、226.6吉瓦、197.9吉瓦、181.8吉瓦，同比分别增长27.8%、40.4%、46.8%、45.9%。

2 技术水平不断提升

2021年，中国规模化生产的P型PERC电池平均转换效率达到23.1%，同比提高0.3个百分点；前沿技术中晶硅电池实验室效率打破纪录11次，n型TOPCon、HJT、P型单晶TOPCon研发不断取得新突破。

3 对外贸易快速增长

2021年，在全球能源绿色低碳转型大趋势下，海外光伏应用市场需求不断增长，光伏产品出口总额约284.3亿美元，同比增长43.9%。其中组件出口额246.1亿美元，出口量约98.5吉瓦，出口额和出口量均创历史新高。

1.4 发电成本

1 单位投资成本略有上浮

2021年，由于受到产业链价格波动影响，集中式光伏电站单位千瓦造价同比上浮4%，约4150元；分布式光伏单位千瓦造价同比上浮10.6%，约3740元。

2 投资同比上升

2021 年，在"碳达峰、碳中和"目标引导下，光伏发电社会关注度不断提高，金融环境明显改善，受益于国内光伏发电新增装机规模持续性增长，投资呈现总体上升趋势，同比上升 17%。

2 政策法规篇
Policies and Regulations

2.1 建设管理

1. 强化目标导向，明确开发建设机制

2021年，国家发展改革委、国家能源局等九部门联合印发《"十四五"可再生能源发展规划》，锚定碳达峰、碳中和目标，紧紧围绕2025年非化石能源消费比重达到20%左右的要求，设置了四个方面的主要目标，一是总量目标，2025年可再生能源消费总量达到10亿吨标准煤左右，"十四五"期间可再生能源消费增量在一次能源消费增量中的占比超过50%。二是发电目标，2025年可再生能源年发电量达到3.3万亿千瓦时左右，"十四五"期间发电量增量在全社会用电量增量中的占比超过50%，风电和太阳能发电量实现翻倍。三是消纳目标，2025年全国可再生能源电力总量和非水电消纳责任权重分别达到33%和18%左右，利用率保持在合理水平。四是非电利用目标，2025年太阳能热利用、地热能供暖、生物质供热、生物质燃料等非电利用规模达到6000万吨标准煤以上。

同年，国家能源局印发《关于2021年风电、光伏发电开发建设有关事项的通知》（国能发新能〔2021〕25号，以下简称《通知》），明确了2021年光伏发电项目建设"坚持目标导向，完善发展机制，释放消纳空间，优化发展环境，发挥地方主导作用，调动投资主体积极性，推动风电、光伏发电高质量跃升发展"的政策思路。

《通知》明确，为实现"2021年，全国风电、光伏发电发电量占全社会用电量的比重达到11%左右，后续逐年提高，确保2025年非化石能源消费占一次能源消费的比重达到20%左右"，国家不再下达各省（区、市）的年度建设规模和指标，而是按照目标导向和责任共担原则，根据"十四五"规划目标，测算下达各省（区、市）年度可再生能源电力消纳责任权重，引导各地结合消纳责任权重和新能源合理利用率目标，确定本省（区、市）年度新增风光电项目并网规模和新增核准（备案）规模，统筹衔接好项目开发建设和储备。

2. 实施分类管理，多元解决新能源并网消纳问题

为做好大规模风电、光伏发电项目并网消纳工作，依据国能发新能〔2021〕25号文，按照是否为各省（区、市）完成年度非水电最低消纳责任权重所必需的新增并网项目，新增并网项目分为保障性并网项目和市场化并网项目。

保障性并网项目指各省（区、市）完成年度非水电最低消纳责任权重所必需的新增并网项目，该部分项目消纳空间由电网企业组织保障，保障性并网规模可省际置换。市场化并网项目指超出保障性并网范围以外仍有意愿并网的项目，可通过自建、合建共享或购买服务等市场化方式落实并网条件后，由电网予以并网，促进电力系统整体灵活性的提升。

3. 持续推进平价上网项目

根据《关于公布2020年风电、光伏发电平价上网项目的通知》（发改办能源〔2020〕588号）要求，2020年光伏发电平价上网项目须于2020年底前核准（备案）并开工建设，光伏发电项目须于2021年底前并网。国能发新能〔2021〕25号文同时明确，2019年、2020年平价光伏发电项目等存量项目将被直接纳入各省（区、市）保障性并网项目范围。

4. 布局国家大型风光基地项目

规划建设以沙漠、戈壁、荒漠地区为重点的大型风电光伏基地，是贯彻落实党中央、国务院决策部署，支撑如期实现碳达峰碳中和目标任务、推动能源清洁低碳转型、提高能源安全保障能力的重大举措。《"十四五"可再生能源发展规划》明确提出以沙漠、戈壁、荒漠地区为重点，加快建设黄河上游、河西走廊、黄河几字弯、冀北、松辽、新疆、黄河下游等七大陆上新能源基地；依托西南水电基地调节能力和外送通道，统筹推进川滇黔桂、藏东南二大水风光综合基地开发建设；优化近海海上风电布局，开展深远海海上风电规划，推动近海规模化开发和深远海示范化开发，重点建设山东半岛、长三角、闽南、粤东、北部湾五大海上风电基地集群。

5. 启动整县屋顶分布式光伏开发试点

2021年6月，国家能源局综合司印发《关于报送整县（市、区）屋顶分布式光伏开发试点方案的通知》，在全国范围内组织开展整县（市、区）屋顶分布式光伏开发试点工作，充分调动和发挥地方积极性，引导地方政府协调更多屋顶资源，进一步开拓市场，扩大屋顶分布式光伏建设规模，鼓励并支持分布式光伏发电项目采用"自发自用、余电上网"模式，降低建筑能耗。通知明确，党政机关建筑屋顶总面积可安装光伏发电比例不低于50%，学校、医院、村委会等公共建筑屋顶总面积可安装光伏发电比例不低于40%，工商业厂房屋顶总面积可安装光伏发电比例不低于30%，农村居民屋顶总面积可安装光伏发电比例不低于20%。

2021年9月，国家能源局综合司印发《关于公布整县（市、区）屋顶分布式光伏开发试点名单的通知》（国能综通新能〔2021〕84号，以下简称《通知》），公布各省（自治区、直辖市）及新疆生产建设兵团报送整县（市、区）屋顶分布式光伏开发试点县（市、区）共计676个。《通知》要求试点工作要严格落实"自愿不强制、试点不审批、到位不越位、竞争不垄断、工作不暂停"的工作要求，改善新能源开发建设营商环境，降低屋顶分布式光伏开发建设非技术成本，减轻投资开发企业负担。

2.2 消纳保障

1. 强化权重指标引导，深化落实可再生能源消纳保障机制

2021年5月，国家发展改革委、国家能源局印发《关于2021年可再生能源电力消纳责任权重及有关事项的通知》（发改能源〔2021〕704号，以下简称《通知》），明确从2021年起，每年初滚动发布各省（区、市）权重，同时印发当年和次年消纳责任权重，当年权重为约束性指标，各省按此进行考核评估，次年权重为预期性指标，各省（区、市）按此开展项目储备。

《通知》同步公布2021年各省（区、市）消纳责任权重。从全国情况看，2021年，10个省（区、市）最低总量消纳责任权重超过30%，13个省（区、市）最低非水电消纳责任权重超过15%。

与 2020 年设置的消纳责任权重相比，2021 年各省（区、市）最低总量消纳责任权重平均值达 30.3%，同比提升 2.3 个百分点；各省（区、市）最低非水电消纳责任权重平均值达 13.4%，同比提升 1.9 个百分点。

此外，《通知》明确，各省在确保完成 2025 年消纳责任权重预期目标的前提下，由于当地水电、核电集中投产影响消纳空间或其他客观原因，当年未完成消纳责任权重的，可以将未完成的消纳责任权重累计到下一年度一并完成。例如，福建省 2021 年最低总量消纳责任权重中 0.5 个百分点为 2020 年由于来水偏枯客观原因未完成，累计到 2022 年完成。

2021 年全国各省（区、市）可再生能源电力消纳责任权重见表 2-1。

表 2-1　2021 年全国各省（区、市）可再生能源电力消纳责任权重

省（区、市）	总量消纳责任权重		非水电消纳责任权重	
	最低值	激励值	最低值	激励值
北京	18.00%	19.80%	17.50%	19.30%
天津	17.00%	18.70%	16.00%	17.60%
河北	16.50%	18.20%	16.00%	17.60%
山西	20.00%	22.00%	19.00%	20.90%
山东	13.00%	14.30%	12.50%	13.80%
内蒙古	20.50%	22.60%	19.50%	21.50%
辽宁	15.50%	17.10%	13.50%	14.90%
吉林	28.00%	30.90%	21.00%	23.10%
黑龙江	22.00%	24.20%	20.00%	22.00%
上海	31.50%	35.00%	4.00%	4.40%
江苏	16.50%	18.20%	10.50%	11.60%
浙江	18.50%	20.50%	8.50%	9.40%
安徽	16.00%	17.60%	14.00%	15.40%
福建	19.00%	21.00%	7.50%	8.30%
江西	26.50%	29.30%	12.00%	13.20%

续表

省（区、市）	总量消纳责任权重		非水电消纳责任权重	
	最低值	激励值	最低值	激励值
河南	21.50%	23.70%	18.00%	19.80%
湖北	37.00%	41.00%	10.00%	11.00%
湖南	45.00%	49.90%	13.50%	14.90%
重庆	43.50%	48.30%	4.00%	4.40%
四川	74.00%	82.00%	6.00%	6.60%
陕西	25.00%	27.60%	15.00%	16.50%
甘肃	49.50%	54.80%	18.00%	19.80%
青海	69.50%	77.00%	24.50%	27.00%
宁夏	24.00%	26.40%	22.00%	24.20%
新疆	22.00%	24.30%	12.50%	13.80%
广东	29.00%	32.20%	5.00%	5.50%
广西	43.00%	47.70%	10.00%	11.00%
海南	16.00%	17.70%	8.00%	8.80%
贵州	35.50%	39.40%	8.50%	9.40%
云南	75.00%	83.00%	15.00%	16.50%
平均值	30.3%	33.5%	13.4%	14.7%

注：1. 西藏不考核。
2. 福建最低总量消纳责任权重中，0.5个百分点为2020年由于来水偏枯客观原因未完成，累计到2021年完成。

2 鼓励新能源主动配置调峰资源

2021年7月，为推动新型储能快速发展，国家发展改革委、国家能源局印发《关于加快推动新型储能发展的指导意见》（发改能源规〔2021〕1051号），统筹开展储能专项规划，大力推进电源侧储能项目建设，完善"新能源+储能"相关机制。

2021年7月底，为促进风电、太阳能发电等可再生能源大力发展和充分消纳，国家发展改革委、国家能源局印发《关于鼓励可再生能源发电企业自建或购买调峰能力增加并网规模的通知》（发改运

行〔2021〕1138号），鼓励发电企业通过自建或购买调峰储能能力的方式，增加可再生能源发电装机并网规模。《通知》明确，为鼓励发电企业市场化参与调峰资源建设，超过电网企业保障性并网以外的规模初期按照功率15%的挂钩比例（时长4小时以上，下同）配建调峰能力，按照20%以上挂钩比例进行配建的优先并网。配建比例2022年后根据情况适时调整，每年公布一次。各省级主管部门组织电网企业或第三方技术机构对项目调峰能力措施和效果进行评估确认后，可结合实际情况对挂钩比例进行适当调整。

3 鼓励地方更多消费可再生能源

2021年9月11日，国家发展改革委印发《完善能源消费强度和总量双控制度方案》（发改环资〔2021〕1310号），提出对超额完成激励性可再生能源电力消纳责任权重的地区，其超出最低可再生能源电力消纳责任权重的消纳量不纳入该地区年度和五年规划当期能源消费总量考核。同年12月举行的中央经济工作会再次强调，要正确认识和把握"碳达峰、碳中和"，要科学考核，新增可再生能源和原料用能不纳入能源消费总量控制。同月，国务院印发《关于印发"十四五"节能减排综合工作方案的通知》（国发〔2021〕33号），提出优化完善能耗"双控"制度，明确各地区"十四五"时期新增可再生能源电力消费量不纳入地方能源消费总量考核。"新增可再生能源不纳入能源消费总量控制"这一政策将引导高耗能企业通过消费新能源满足用电需求，促进新能源的消纳。

4 加强并网统筹，保障新能源"能并尽并"

2021年10月，国家能源局综合司印发《关于积极推动新能源发电项目能并尽并、多发满发有关工作的通知》（以下简称《通知》），要求电网企业按照"能并尽并"原则，对具备并网条件的风电、光伏发电项目，切实采取有效措施，保障及时并网；按照"多发满发"原则，严格落实优先发电制度，加强科学调度，优化安排系统运行方式，实现新能源发电项目多发满发，进一步提高电力供应能力。《通知》的发布为第四季度光伏发电项目如期并网提供了政策保障。

2.3 电价政策

1. 新建光伏发电项目实行平价上网

2021 年 6 月，国家发展改革委印发《关于 2021 年新能源上网电价政策有关事项的通知》（发改价格〔2021〕833 号，以下简称《通知》），明确自 2021 年起对新备案集中式光伏电站、工商业分布式光伏项目（以下简称"新建光伏发电项目"），中央财政不再补贴，实行平价上网。

根据《通知》，2021 年新建光伏发电项目上网电价按当地燃煤发电基准价执行。按照现行各省（区、市）燃煤发电基准价，光伏Ⅰ～Ⅲ类资源区新建项目执行电价平均值分别为每千瓦时 0.2656 元（含税，下同）、0.3380 元、0.3962 元，与 2020 年各资源区指导价相比，每千瓦时分别降低 0.0844 元、0.062 元、0.0938 元。2021 年全国各省（区、市）所在光资源区及其燃煤发电基准价如表 2-2 所示。

表 2-2　2021 年全国各省（区、市）所在光资源区及其燃煤发电基准价

序号	省（区、市）	资源区	燃煤发电基准价（元/千瓦时）
1	北京	Ⅱ类	0.3598
2	天津	Ⅱ类	0.3655
3	河北承德、张家口、唐山、秦皇岛	Ⅱ类	0.3720
4	河北廊坊	Ⅲ类	0.3720
5	河北除Ⅱ类和廊坊以外的其他地区	Ⅲ类	0.3644
6	山西大同、朔州、忻州、阳泉	Ⅱ类	0.3320
7	山西除Ⅱ类以外的其他地区	Ⅲ类	0.3320
8	山东	Ⅲ类	0.3949
9	蒙西	Ⅰ类	0.2829
10	蒙东	Ⅱ类	0.3035
11	吉林	Ⅱ类	0.3731
12	黑龙江	Ⅱ类	0.3740
13	上海	Ⅲ类	0.4155
14	辽宁	Ⅱ类	0.3749

续表

序号	省（区、市）	资源区	燃煤发电基准价（元/千瓦时）
15	江苏	Ⅲ类	0.3910
16	浙江	Ⅲ类	0.4153
17	安徽	Ⅲ类	0.3844
18	福建	Ⅲ类	0.3932
19	湖北	Ⅲ类	0.4161
20	湖南	Ⅲ类	0.4500
21	河南	Ⅲ类	0.3779
22	四川	Ⅱ类	0.4012
23	重庆	Ⅲ类	0.3964
24	江西	Ⅲ类	0.4143
25	陕西榆林、延安	Ⅱ类	0.3545
26	陕西除Ⅱ类以外的其他地区	Ⅲ类	0.3545
27	甘肃嘉峪关、武威、张掖、酒泉、敦煌、金昌	Ⅰ类	0.3078
28	甘肃除Ⅰ类以外的其他地区	Ⅱ类	0.3078
29	青海海西	Ⅰ类	0.2277
30	青海除Ⅰ类以外的其他地区	Ⅱ类	0.2277
31	宁夏	Ⅰ类	0.2595
32	新疆哈密、塔城、阿勒泰、克拉玛依	Ⅰ类	0.2500
33	新疆除Ⅰ类以外的其他地区	Ⅱ类	0.2500
34	广东	Ⅲ类	0.4530
35	广西	Ⅲ类	0.4207
36	云南	Ⅱ类	0.3358
37	贵州	Ⅲ类	0.3515
38	海南	Ⅲ类	0.4298

2 新建户用光伏补贴标准继续降低

根据国家发展改革委《关于落实好 2021 年新能源上网电价政策有关事项的函》，明确对纳入 2021 年中央财政补贴规模的新建户用分布式光伏发电项目，全发电量补贴标准按每千瓦时 0.03 元执行，同比下调 0.05 元。

3 分时电价政策利好储能及新能源消纳

2021 年 7 月，国家发展改革委印发《关于进一步完善分时电价机制的通知》（发改价格〔2021〕1093 号，以下简称《通知》），部署各地进一步完善分时电价机制，更好引导用户削峰填谷，改善电力供需状况，服务以新能源为主体的新型电力系统建设，促进能源绿色低碳发展。《通知》重点从"更精确"和"更有力"两个方面优化分时电价机制，其中"更精准"主要是对峰谷时段调整和健全季节性电价机制的要求，"更有力"主要是对拉大峰谷价差水平以及尖峰深谷电价的要求。

据不完全统计，截至 2021 年底，全国有 15 个省（区、市）按照《通知》要求发布了分时电价政策，主要扩大了峰谷时间段的价差，大部分省份低谷时段价格较平段下浮 50%，尖峰时段价格较平段上浮 80%，个别省份峰谷价差更大。峰谷价差加大将提高工商业用户的用电成本，从而引导工商业用户建设分布式光伏发电系统或储能电站，通过实现在低谷时段进行发电储能并在高峰时段用电来实现用电成本的降低。

4 扩大电价浮动促进工商业分布式光伏发展

为加快推进电价市场化改革，2021 年 10 月，国家发展改革委印发《关于进一步深化燃煤发电上网电价市场化改革的通知》（发改价格〔2021〕1439 号，以下简称《通知》），要求各地有序放开全部燃煤发电电量上网电价，扩大市场交易电价上下浮动范围，有序推动工商业用户全部进入电力市场，按照市场价格购电，取消工商业目录销售电价。燃煤发电市场交易价格浮动范围由现行的上浮不超过 10%、下浮原则上不超过 15%，扩大为上下浮动原则上均不超过 20%。

据不完全统计，截至 2021 年底，全国有 28 个省（区、市）按照《通知》要求调整了目录电价体系，取消工商业用电（包括一般工商业和大工业用电）目录销售电价，并积极开展代理购电。根据已公布电网企业 2021 年 12 月代理购电工商业用户电价表，尖峰、高峰时段的用电价格浮动空间几乎全部上调。随着工商业用电价格的上涨，工商业分布式光伏发电项目建设积极性将不断提高。

2.4 补贴机制

1. 加强补贴清单审核管理

为加快推进补贴项目清单审核有关工作，2020 年 11 月，财政部印发《关于加快推进可再生能源发电补贴项目清单审核有关工作的通知》（财办建〔2020〕70 号），除要求抓紧审核存量项目、分批纳入补贴清单外，还明确了项目应执行其全容量并网时的上网电价。

2021 年 2 月，财政部办公厅印发《关于请加强可再生能源能发电补贴清单审核管理工作的通知》（财办建〔2021〕11 号），提出自财办建〔2020〕70 号文发布之日（2020 年 11 月 18 日）起，新并网的项目需要电网企业或地方能源监管部门出具全容量并网时间认定文件方可被纳入补贴清单。

2. 有序推进补贴清单审核工作

依据财建〔2020〕5 号文、财办建〔2020〕6 号文，可再生能源电价附加补贴清单由电网企业组织申报和公示公布，由国家可再生能源信息管理中心进行复核，并正式启动可再生能源电价附加补贴清单的申报和审核工作。截至 2021 年底，国家电网共计公布补贴清单项目约 3.57 万个，总装机规模约 1.76 亿千瓦；南方电网共计公布补贴清单项目 2003 个，总装机规模约 2700 万千瓦；内蒙古电力共计公布补贴清单项目 210 个，总装机规模约 664 万千瓦。

2.5 行业监测

建立按月调度机制。2021 年 7 月 29 日，国家能源局综合司印发《关于开展可再生能源发电项目开发建设按月调度的通知》，建立可再生能源发电项目开发建设按月调度机制，对可再生能源发电项目从核准（审批、备案）、开工、建设、并网到投产进行全过程调度。各省（区、市）可再生能源项目开发建设单位依托可再生能源发电项目信息管理系统及时填报开发建设情况，国家可再生能源信息管理中心每月 20 日前根据上月全国可再生能源电力开发建设情况形成月度监测评估报告报国家能源局，并抄报各省级能源主管部门。

按月调度机制是国家能源主管部门主动适应可再生能源发展新阶段，创新事中事后监管方式，统揽开发建设全局，畅通信息渠道，协调各方工作，解决发展中实际问题的有力举措，也是稳步推动构建以新能源为主体的新型电力系统的重要支撑。

自 2021 年 8 月正式启动至 2021 年底，国家能源局召开了两次由国家能源局各相关司、省级能源主管部门、可再生能源投资开发企业、电网企业和行业研究机构参加的月度调度会，及时掌握了开发建设中的问题并形成问题责任清单，有力推动了相关问题解决，保障了项目按计划开发建设。截至2021 年底，国家可再生能源信息管理中心共编写了 5 期月度监测评估报告，为国家能源局全面掌握可再生能源发展情况以及各省能源主管部门横向比较本省发展情况提供了有力支撑。

2.6 金融支持

1. 金融机构加大金融支持力度

为缓解因可再生能源补贴拖欠、补贴资金滞后等导致的企业资金紧张等问题，促进风电和光伏发电等行业健康有序发展，2021 年 2 月，国家发展改革委、财政部、中国人民银行、银保监会、国家能源局联合印发《关于引导加大金融支持力度 促进风电和光伏发电等行业健康有序发展的通知》（发改运行〔2021〕266 号），提出了五条措施用以纾困：一是鼓励金融机构按照商业化原则与可再生能源企业协商展期或续贷；二是鼓励金融机构在依法合规前提下向具备条件的可再生能源企业在规定的额度内发放补贴确权贷款；三是鼓励企业通过绿证交易的方式减轻企业负担，分担利息压力；四是做好可再生能源电价附加资金的应收尽收；五是优化资金管理，对自愿转为平价的项目优先发放补贴资金，同时鼓励对自愿转为平价的项目和企业继续加大信贷支持。上述措施的实施和落地，将在一定程度上提升金融机构对增加补贴确权贷款规模的积极性，加大对风电和光伏发电投资企业在贷款利率、贷款年限等方面的支持力度。

2. REITs 支持光伏发电行业发展

2021 年 1 月，国家发展改革委办公厅印发《关于建立全国基础设施领域不动产投资信托基金

（REITs）试点项目库的通知》（发改办投资〔2021〕35号），决定建立全国基础设施REITs试点项目库。6月，在认真总结前期试点经验的基础上，国家发展改革委印发《关于进一步做好基础设施领域不动产投资信托基金（REITs）试点工作的通知》（发改投资〔2021〕958号），提出试点行业包括能源基础设施，涉及风电、光伏发电、水力发电、天然气发电、生物质发电、核电等清洁能源项目。开展REITs试点，对推动形成市场主导的投资内生增长机制、提升资本市场服务实体经济的质效、构建投资领域新发展格局具有重要意义。

2.7　电力市场交易

1. 启动平价项目绿证交易

2017年，三部委联合印发《关于试行可再生能源绿色电力证书核发及自愿认购交易制度的通知》（发改能源〔2017〕132号），启动自愿绿证交易市场，明确绿证是我国消费绿色电力的唯一凭证。2021年5月，随着风电、光伏发电平价项目陆续建成投产，平价项目绿证核发交易启动，6月28日章建华局长出席国际能源变革论坛会议并在致辞中宣布首笔平价绿证交易启动。平价绿证交易较大程度降低了企业绿色电力消费成本，激发了市场需求。

2. 启动绿色电力交易试点

2021年8月，国家发展改革委、国家能源局印发《关于绿电交易试点工作方案的复函》（发改体改〔2021〕1260号），原则同意国家电网和南方电网公司报送的《绿色电力交易试点工作方案》，要求国网、南网认真组织实施。用户侧或售电公司购买绿色电力有两种方式：一种是以直接交易方式从发电企业购买，通过双边协商、集中撮合等方式形成价格；另一种是从电网企业购买，由交易中心以挂牌、集中竞价等方式形成价格。该复函同时要求建立全国统一的绿证制度，国家能源局组织国家可再生能源信息管理中心，根据绿色电力交易试点需要，向北京电力交易中心、广州电力交易中心批量核发绿证。

3. 扩大电力现货试点范围

为贯彻落实《中共中央国务院关于进一步深化电力体制改革的若干意见》（中发〔2015〕9号）及其配套文件精神，加快完善电力市场体系，在第一批八个电力现货市场建设试点基础上，进一步做好现货试点的相关工作，2021年4月，国家发展改革委办公厅、国家能源局综合司联合印发《关于进一步做好电力现货市场建设试点工作的通知》（发改办体改〔2021〕339号），明确扩大电力现货试点范围，拟选择上海、江苏、安徽、辽宁、河南、湖北等六省（市）为第二批电力现货试点。

该通知提出，稳妥有序推动新能源参与电力市场，鼓励新能源项目与电网企业、用户、售电公司通过签订长周期（如20年及以上）差价合约参与电力市场；引导新能源项目10%的预计当期电量通过市场化交易竞争上网，市场交易部分可不计入全生命周期保障收购小时数。

4. 推动分布式发电市场化交易

2021年12月，国家能源局印发《关于印发能源领域深化"放管服"改革优化营商环境实施意见的通知》（国能发法改〔2021〕63号），提出规范接网服务、促进新能源加速发展、推动分布式发电市场化交易等要求。规范接网方面，要求电网企业做好新能源等项目接入电网及电网互联服务，提高接网服务效率；要求各省级能源主管部门结合实际推动明确新能源投资自建配套送出工程的回购机制和标准。促发展方面，要求简化新能源项目核准（备案）手续，对于依法依规已履行行政许可手续的项目，不得针对项目开工建设、并网运行及竣工验收等环节增加或变相增加办理环节和申请材料。市场化交易方面，要求完善市场交易机制，支持分布式发电参与市场交易，建立适应可再生能源微电网、存量地方电网、增量配电网与大电网开展交易的体制机制；推动开展分布式发电就近交易，落实相关价格政策；推动分布式发电参与绿色电力交易。

2.8 科技研发

2021年4月，全国首个光伏、储能户外实证实验平台在黑龙江大庆市正式开工建设。国家光伏、储能实证实验平台（大庆基地）将为国家制定产业政策和技术标准提供科学依据，为中国乃至全球新能源行业技术进步和创新发展贡献中国智慧、中国方案和中国标准。平台于 2021 年 11 月 19 日正式启动运行，经数据分析模型开发、实时数据采样调试后，2022 年 1 月 1 日正式开始整年度实证，将为构建新型电力系统提供实证基础，为国家制定产业政策和技术标准提供科学依据，为国家实现碳达峰、碳中和提供有力支撑。国家光伏、储能实证实验平台（大庆基地）将为国家制定产业政策和技术标准提供科学依据，为中国乃至全球新能源行业技术进步和创新发展贡献中国智慧、中国方案和中国标准。

为推动光伏产业与新一代信息技术深度融合，加快实现智能制造、智能应用、智能运维、智能调度，全面提升我国光伏产业发展质量和效率，推动实现"2030 年碳达峰、2060 年碳中和"目标，2021 年 12 月，工业和信息化部、住房和城乡建设部、交通运输部、农业农村部、国家能源局联合印发《关于印发〈智能光伏产业创新发展行动计划（2021—2025 年)〉的通知》（工信部联电子〔2021〕226 号），要求以供给侧结构性改革为主线，以适应新型电力系统发展需求为导向，以构建智能光伏产业生态体系为目标，把握数字经济发展趋势和规律，促进 5G 通信、人工智能、先进计算、工业互联网等新一代信息技术与光伏产业融合创新，加快提升全产业链智能化水平，增强智能产品及系统方案供给能力，鼓励智能光伏行业应用，促进我国光伏产业持续迈向全球价值链中高端。

2021 年光伏发电主要政策如表 2-3 所示。

表 2-3 2021 年光伏发电主要政策目录

序号	文件名称	文号	发布日期	发布单位
1	关于印发"十四五"可再生能源发展规划的通知	发改能源〔2021〕1445 号	2021 年 10 月 21 日	国家发展改革委 国家能源局 财政部 自然资源部 生态环境部 住房城乡建设部 农业农村部 中国气象局 国家林业和草原局
2	关于 2021 年风电、光伏发电开发建设有关事项的通知	国能发新能〔2021〕25 号	2021 年 5 月 11 日	国家能源局

续表

序号	文件名称	文号	发布日期	发布单位
3	关于印发第一批以沙漠、戈壁、荒漠地区为重点的大型风电光伏基地建设项目清单的通知	发改办能源〔2021〕926号	2021年11月24日	国家发展改革委 国家能源局
4	关于组织拟纳入国家第二批以沙漠、戈壁、荒漠地区为重点的大型风电光伏基地项目的通知	—	2021年12月	国家能源局
5	关于报送整县（市、区）屋顶分布式光伏开发试点方案的通知	—	2021年6月20日	国家能源局
6	国家能源局综合司关于公布整县（市、区）屋顶分布式光伏开发试点名单的通知	国能综通新能〔2021〕84号	2021年9月8日	国家能源局
7	关于2021年可再生能源电力消纳责任权重及有关事项的通知	发改能源〔2021〕704号	2021年5月21日	国家发展改革委 国家能源局
8	关于加快推动新型储能发展的指导意见	发改能源规〔2021〕1051号	2021年7月15日	国家发展改革委 国家能源局
9	关于鼓励可再生能源发电企业自建或购买调峰能力增加并网规模的通知	发改运行〔2021〕1138号	2021年7月29日	国家发展改革委 国家能源局
10	关于印发《完善能源消费强度和总量双控制度方案》的通知	发改环资〔2021〕1310号	2021年9月11日	国家发展改革委
11	关于印发"十四五"节能减排综合工作方案的通知	国发〔2021〕33号	2021年12月28日	国务院
12	关于积极推动新能源发电项目能并尽并、多发满发有关工作的通知	—	2021年10月15日	国家能源局
13	关于2021年新能源上网电价政策有关事项的通知	发改价格〔2021〕833号	2021年6月7日	国家发展改革委
14	关于落实好2021年新能源上网电价政策有关事项的函	—	2021年6月11日	国家发展改革委
15	关于进一步完善分时电价机制的通知	发改价格〔2021〕1093号	2021年7月26日	国家发展改革委
16	关于进一步深化燃煤发电上网电价市场化改革的通知	发改价格〔2021〕1439号	2021年7月26日	国家发展改革委
17	关于请加强可再生能源发电补贴清单审核管理工作的通知	财办建〔2021〕11号	2021年2月	财政部

续表

序号	文件名称	文号	发布日期	发布单位
18	关于开展可再生能源发电项目开发建设按月调度的通知	—	2021年8月5日	国家能源局
19	关于引导加大金融支持力度 促进风电和光伏发电等行业健康有序发展的通知	发改运行〔2021〕266号	2021年3月12日	国家发展改革委 财政部 中国人民银行 银保监会 国家能源局
20	关于建立全国基础设施领域不动产投资信托基金（REITs）试点项目库的通知	发改办投资〔2021〕35号	2021年1月13日	国家发展改革委
21	关于进一步做好基础设施领域不动产投资信托基金（REITs）试点工作的通知	发改投资〔2021〕958号	2021年6月29日	国家发展改革委
22	关于绿电交易试点工作方案的复函	发改体改〔2021〕1260号	2021年8月28日	国家发展改革委 国家能源局
23	关于进一步做好电力现货市场建设试点工作的通知	发改办体改〔2021〕339号	2021年4月26日	国家发展改革委 国家能源局
24	关于印发能源领域深化"放管服"改革优化营商环境实施意见的通知	国能发法改〔2021〕63号	2021年12月22日	国家能源局
25	关于印发《智能光伏产业创新发展行动计划（2021—2025年）》的通知	工信部联电子〔2021〕226号	2021年12月31日	工业和信息化部 住房和城乡建设部 交通运输部 农业农村部 国家能源局

3 开发应用篇
Development and Application

3.1 太阳能资源

2021年中国太阳辐照量较常年平均值偏低。中国太阳能辐射分布整体呈现自西北向东南先增加再减少,然后又增加的趋势。中国太阳辐照总量等级和区域分布如表3-1所示。2021年,全国平均年水平面总辐照量约5376兆焦/平方米,与近30年(1991—2020年)平均值相比偏低1.69%;全国平均光伏发电年最佳斜面总辐照量约6295兆焦/平方米,较近30年平均值偏低1.11%。

表3-1 中国太阳辐照总量等级和区域分布

名称	年总辐照量(兆焦/平方米)	占国土面积(%)	主要地区
最丰富带	≥6300	约22.8	内蒙古额济纳旗以西、甘肃酒泉以西、青海100°E以西大部、西藏94°E以西大部、新疆东部边缘、四川甘孜部分地区
很丰富带	5040~6300	约44.0	新疆大部、内蒙古额济纳旗以东大部、黑龙江西部、吉林西部、辽宁西部、河北大部、北京、天津、山东东部、山西大部、陕西北部、宁夏、甘肃酒泉以东大部、青海东部边缘、西藏94°E以东、四川中西部、云南大部、海南
较丰富带	3780~5040	约29.8	内蒙古50°N以北、黑龙江大部、吉林中东部、辽宁中东部、山东中西部、山西南部、陕西中南部、甘肃东部边缘、四川中部、云南东部边缘、贵州南部、湖南大部、湖北大部、广西、广东、福建、江西、浙江、安徽、江苏、河南
一般带	<3780	约3.3	四川东部、重庆大部、贵州中北部、湖北110°E以西、湖南西北部

按区域统计,2021年中国年水平面总辐照量北方地区较近30年平均值偏低,南方地区则偏高。按省(自治区、直辖市)统计,上海、安徽、天津、云南、海南年水平面总辐照量与近30年平均值较接近;湖南、贵州、江西、四川偏大;广西、福建明显偏大;广东异常偏大;吉林、山东、湖北、河南、山西、浙江、新疆、重庆、西藏、陕西、江苏偏小;辽宁、宁夏、青海、内蒙古、北京、河北、黑龙江、甘肃明显偏小。

3.2 前期管理

1 保障性并网项目和市场化并网项目

按照《国家能源局关于 2021 年风电、光伏发电开发建设有关事项的通知》(国能发新能〔2021〕25 号)，各省（区、市）相继开展保障性并网和市场化并网项目申报工作。其中，2021 年保障性并网光伏发电规模主要用于安排存量项目，主要包括 2019 年、2020 年平价和竞价光伏发电项目，2021 年保障性并网规模不低于 9000 万千瓦；市场化并网光伏发电规模主要用于安排新增项目，由省（区、市）通过组织开展竞争性配置方式纳入。例如，2021 年，河北先后印发了《关于下达河北省 2021 年风电、光伏发电保障性并网项目计划的通知》(冀发改能源〔2021〕1278 号)和《关于下达河北省 2021 年风电、光伏发电市场化并网项目计划的通知》(冀发改能源〔2021〕1837 号)，提出光伏发电保障性并网项目规模为 1141 万千瓦，市场化并网项目规模为 402 万千瓦，光伏发电累计规模为 1543 万千瓦。

2 风光大基地项目

2021 年 11 月，国家发展改革委办公厅、国家能源局综合司《关于印发第一批以沙漠、戈壁、荒漠地区为重点的大型风电光伏基地建设项目清单的通知》(发改办能源〔2021〕926 号)公布了第一批风光大基地项目清单，涉及 19 个省（区、市），包含项目 50 个，合计装机容量 9705.5 万千瓦（见表 3-2）。其中，装机容量最大的是内蒙古，为 2020 万千瓦；装机容量超过 1000 万千瓦的省（区）有三个，分别是内蒙古、陕西、青海；装机容量在 500 万千瓦到 1000 万千瓦的省（区）有三个，分别是甘肃、吉林、广西；其他 13 个省（区、市）装机容量在 500 万千瓦以下。

表 3-2 第一批大型风电光伏基地建设项目汇总

序号	省（区、市）	项目数（个）	规划装机容量（万千瓦）
1	内蒙古	8	2020
2	陕西	3	1250
3	青海	5	1090

续表

序号	省（区、市）	项目数（个）	规划装机容量（万千瓦）
4	甘肃	5	855
5	吉林	3	730
6	广西	3	600.5
7	辽宁	3	410
8	宁夏	2	300
9	河北	3	300
10	新疆生产建设兵团	2	300
11	贵州	2	300
12	黑龙江	2	280
13	云南	1	270
14	新疆	2	240
15	山东	1	200
16	山西	2	200
17	四川	1	140
18	安徽	1	120
19	湖南	1	100
合计		50	9705.5

上述项目清单公布后，各地积极推进相关项目的开发建设工作。截至2021年底，清单内已开工的大型风电光伏基地项目规模超过7000万千瓦。其中，内蒙古、陕西、青海三省（区）开工容量均超过千万千瓦，甘肃、广西、吉林三省（区）开工容量均超过500万千瓦。

3 整县屋顶分布式光伏试点项目

2021年9月，国家能源局综合司印发《关于公布整县（市、区）屋顶分布式光伏开发试点名单的通知》（国能综通新能〔2021〕84号），公布各省（自治区、直辖市）及新疆生产建设兵团报送整县（市、区）屋顶分布式光伏开发试点县（市、区）共计676个。

据不完全统计，2021年全国整县推进屋顶分布式光伏试点且累计备案容量4623万千瓦，主要分布在山东、河南和浙江；累计并网容量1778万千瓦，主要分布在山东、浙江和广东。从上报的项目开发主体来看，央企、地方国企、民企成立公司的合作投资开发模式占比超过60%。

4 户用分布式发电项目

按照《国家能源局关于 2021 年风电、光伏发电开发建设有关事项的通知》(国能发新能〔2021〕25 号），2021 年户用分布式光伏发电项目国家财政补贴预算额度为 5 亿元，项目管理和申报程序按照《国家能源局关于 2019 年风电、光伏发电项目建设有关事项的通知》(国能发新能〔2019〕49 号）有关要求执行，继续实行单独管理。户用分布式光伏发电项目由电网企业保障并网消纳。

按照 2021 年新建户用分布式光伏发电项目国家财政补贴预算额度为 5 亿元、年利用小时数 1000 小时、纳入 2021 年财政补贴规模的户用光伏补贴标准为每千瓦时 0.03 元匡算，可支持新增装机规模 1700 万千瓦左右。

3.3 建设运行

1 建设情况

新增装机创历史新高，分布式光伏首超集中式光伏。2021 年，全国光伏发电新增装机容量达到 5488 万千瓦，创历史新高，连续 9 年居全球首位，同比增长 17.2%，除户用分布式光伏外，大部分新增装机为平价光伏发电项目。其中，集中式光伏电站新增装机容量 2560 万千瓦，同比降低 21.7%；分布式光伏新增装机容量 2928 万千瓦（工商业分布式光伏 768 万千瓦，户用光伏 2160 万千瓦），同比增长 84%。分布式光伏新增装机约占全部光伏新增装机的 53.4%，历史上首次突破 50%，集中式光伏与分布式光伏并举的发展趋势明显。

截至 2021 年底，全国光伏发电累计装机容量 30599 万千瓦，同比增长 22%（见图 3-1）。其中，集中式光伏电站 19848 万千瓦，同比增长 14.8%；分布式光伏 10751 万千瓦，同比增长 37.4%。光伏发电累计装机约占全国电源总装机的 12.9%，同比提高 1.4 个百分点。中国光伏发电累计装机已连续 7 年保持全球第一。图 3-2 展示了 2021 年全国光伏发电累计装机分布情况。

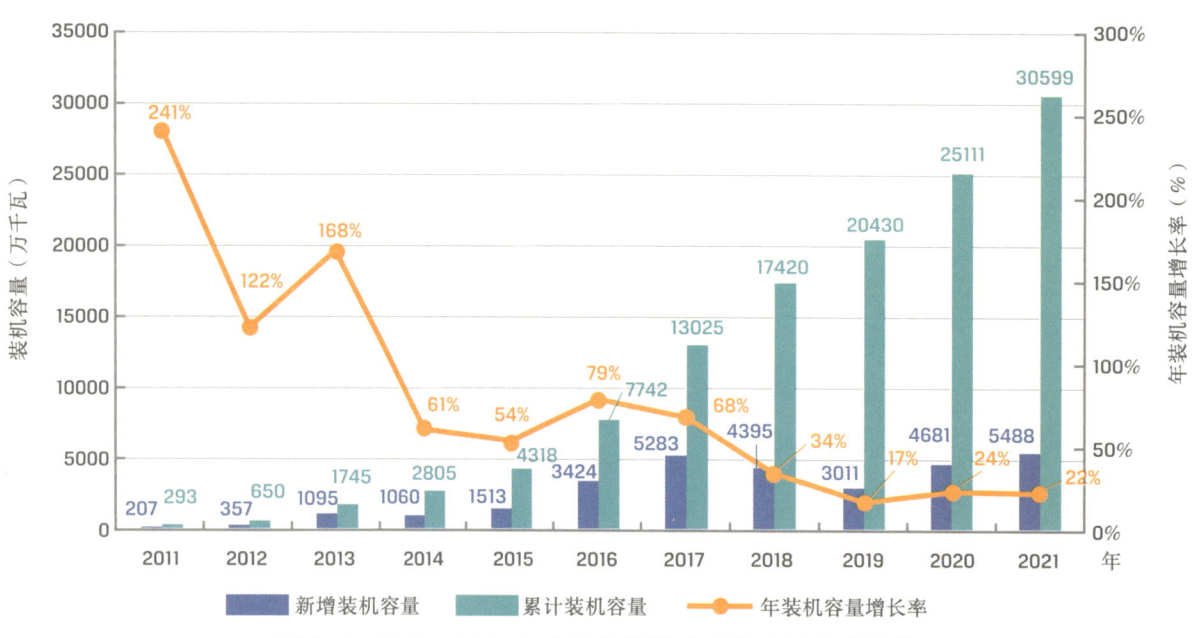

图 3-1　2011—2021 年全国光伏发电装机容量变化趋势

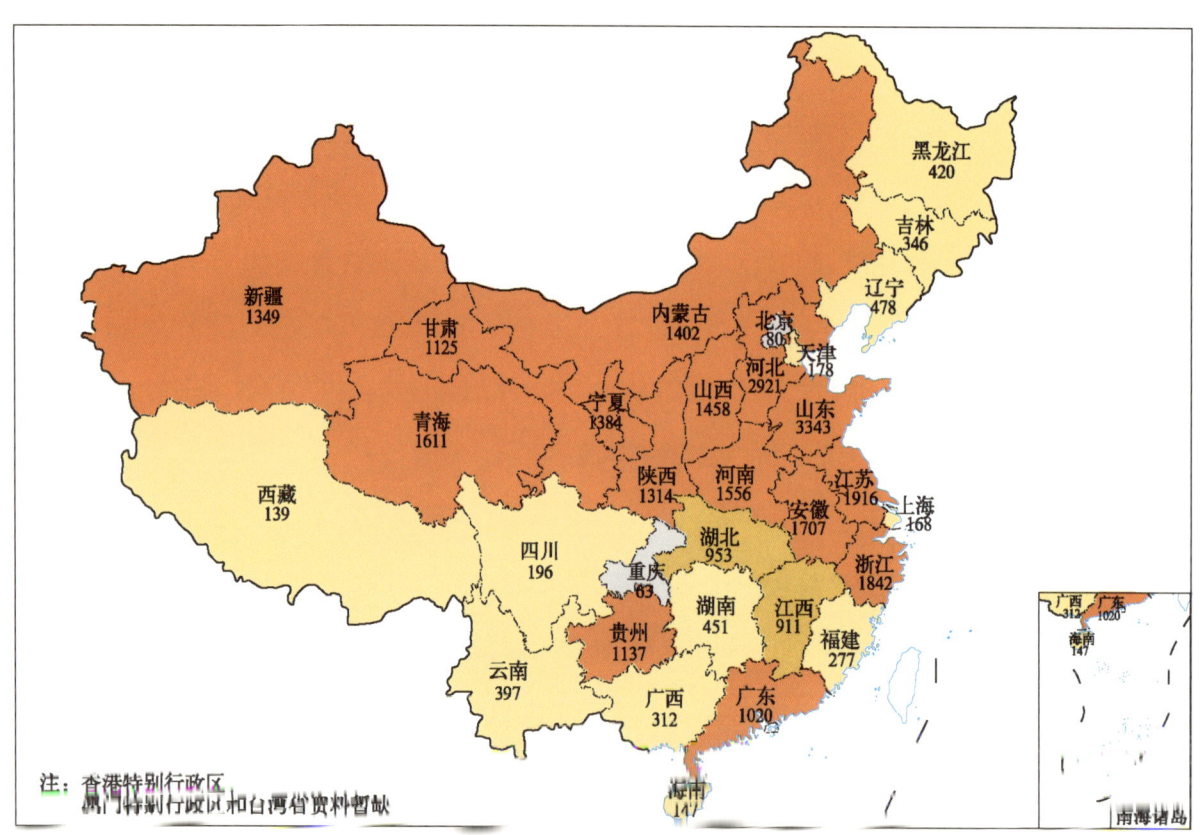

图 3-2　2021 年全国光伏发电累计装机分布情况

分月度看，年底集中并网明显。12月，光伏发电项目新增装机达1857万千瓦，占全年的35%（见图3-3）。其中，集中式光伏电站受产业链价格波动影响，全年新增装机50%以上集中在12月完成，达到1223万千瓦，占全年的51%；分布式光伏受益于户用光伏的快速发展，在年底电价政策收口的影响下，12月新增装机突破635万千瓦，其中户用光伏占比80%。

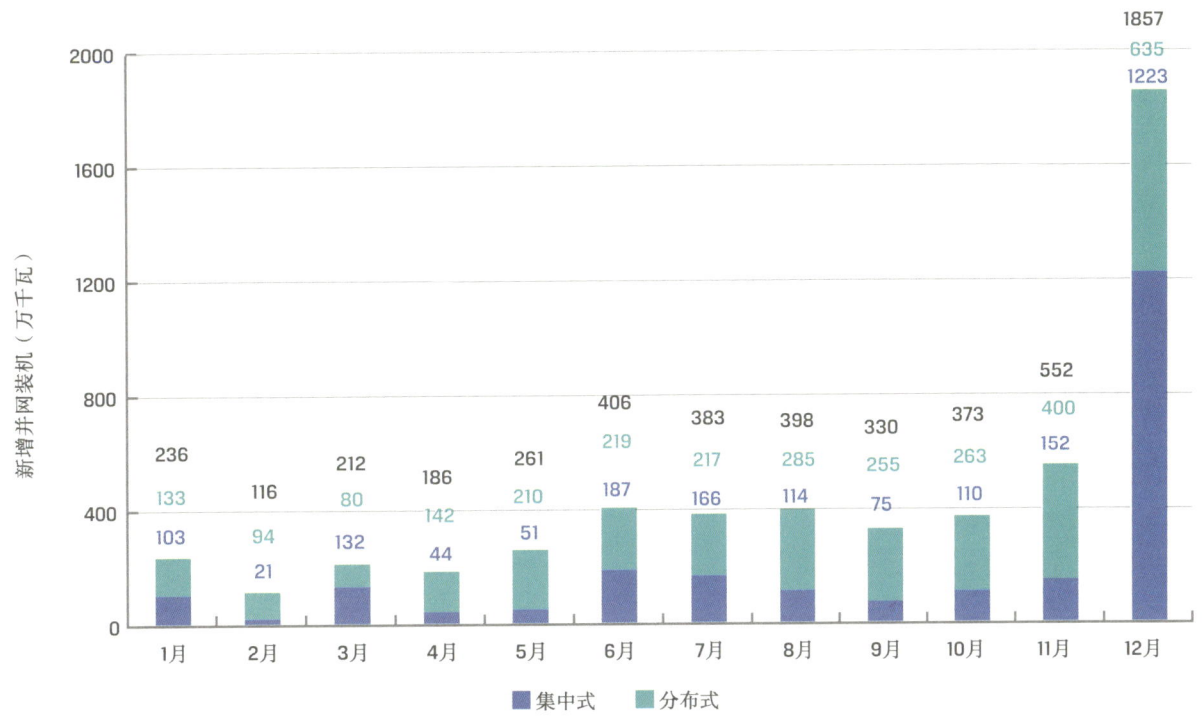

图3-3　2021年光伏发电新增装机月度变化趋势

户用光伏快速增长。2021年，受益于政策持续激励，全国户用光伏新增装机容量达到2160万千瓦，同比增长112%，占全国分布式光伏新增装机的74%，同比提升约10个百分点。12月户用光伏新增装机容量创单月新高，达到509万千瓦，占全年的24%。截至2021年底，全国户用光伏累计装机容量达到5030万千瓦。

2　运行情况

发电量占比进一步提升。2021年，全国光伏发电量达到3259亿千瓦时，同比增长25.1%（见图3-4）。其中，集中式光伏发电量2334亿千瓦时，同比增长21.1%；分布式光伏发电量925亿千瓦时，同比增长36.4%。光伏发电量占全部电源总发电量的4.0%，同比提升0.6个百分点。

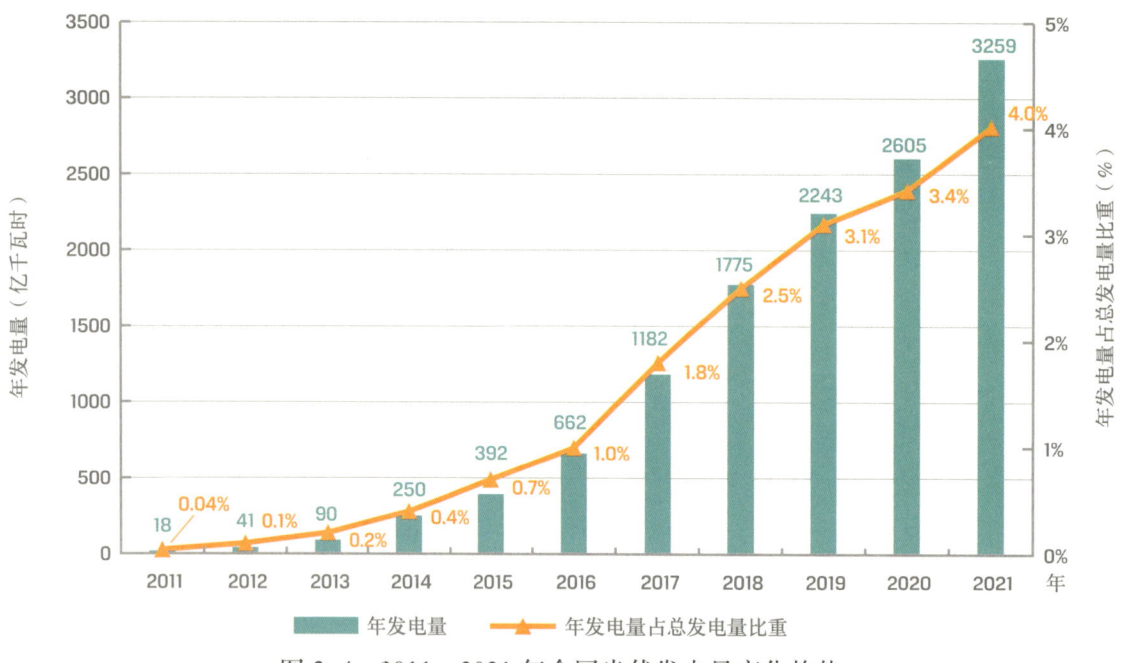

图 3-4　2011—2021 年全国光伏发电量变化趋势

节能减排效益凸显。2021 年，全国光伏发电量 3259 亿千瓦时，相当于节约标准煤约 9937 万吨，减少二氧化碳排放约 2.7 亿吨，减少二氧化硫排放超过 5.2 万吨。

年平均利用小时数与上年总体持平。2021 年，全国光伏发电年平均利用小时数达到 1163 小时，与上年总体持平。分区域看，年平均利用小时数前三的地区分别为东北地区 1471 小时、西北地区 1268 小时、华北地区 1229 小时（见图 3-5）。分省份看，内蒙古、吉林、四川、甘肃、黑龙江年平均利用小时数居全国前列（见表 3-3），分别达到 1558 小时、1536 小时、1529 小时、1528 小时、1516 小时。

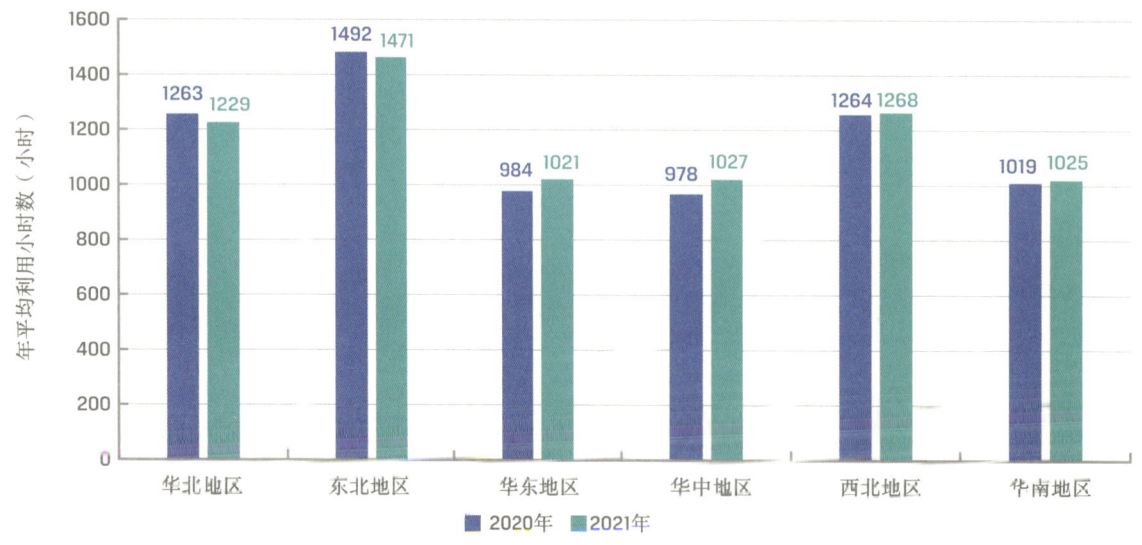

图 3-5　2020—2021 年中国六大区域光伏发电年平均利用小时数对比

表 3-3　2021 年平均利用小时数居前十的省（区）

序号	省（区）	2021 年（小时）	同比增减（小时）
1	内蒙古	1558	-65
2	吉林	1536	57
3	四川	1529	106
4	甘肃	1528	36
5	黑龙江	1516	0
6	新疆（含新疆生产建设兵团）	1497	52
7	宁夏	1472	82
8	陕西	1339	22
9	山西	1329	48
10	辽宁	1320	-64

发电利用维持较高水平。2021 年，全国平均光伏发电利用率达到 98%，同比持平（见图 3-6）。具体来看，受益于新型储能促进新能源消纳的配套政策机制逐步健全、全社会用电量快速增长以及电力系统灵活调节能源能力不断提升，除西北地区光伏发电利用率低于 95% 以外，其他地区光伏发电利用率均达到 98% 以上。其中，2020 年光伏消纳问题较为突出的新疆、西藏等地光伏消纳水平显著提升，光伏利用率同比分别提升 3.3 个和 5.6 个百分点；青海省受调峰电源建设进度滞后及电网安全稳定约束等因素影响，青豫直流送出能力受限，光伏发电利用率为 86.2%，同比降低 5.8 个百分点（见图 3-7）。

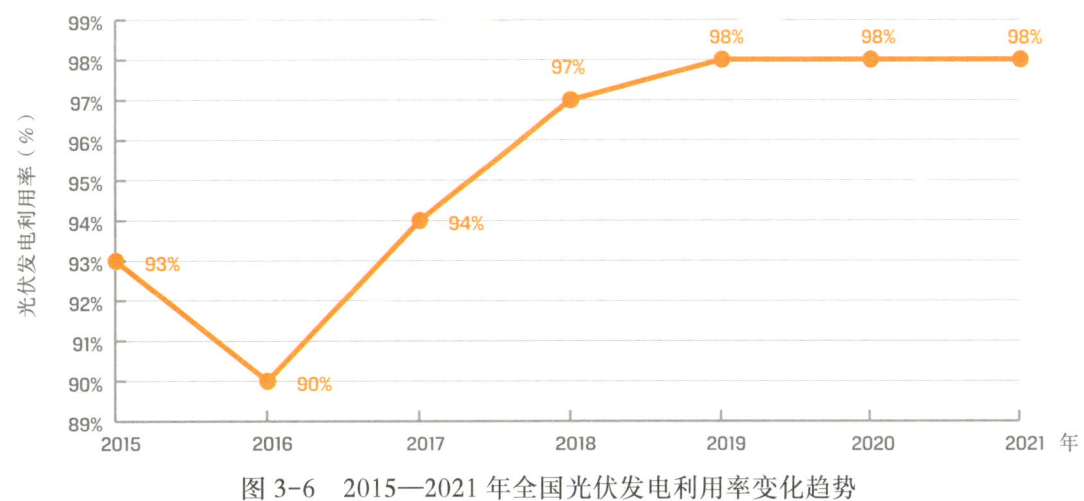

图 3-6　2015—2021 年全国光伏发电利用率变化趋势

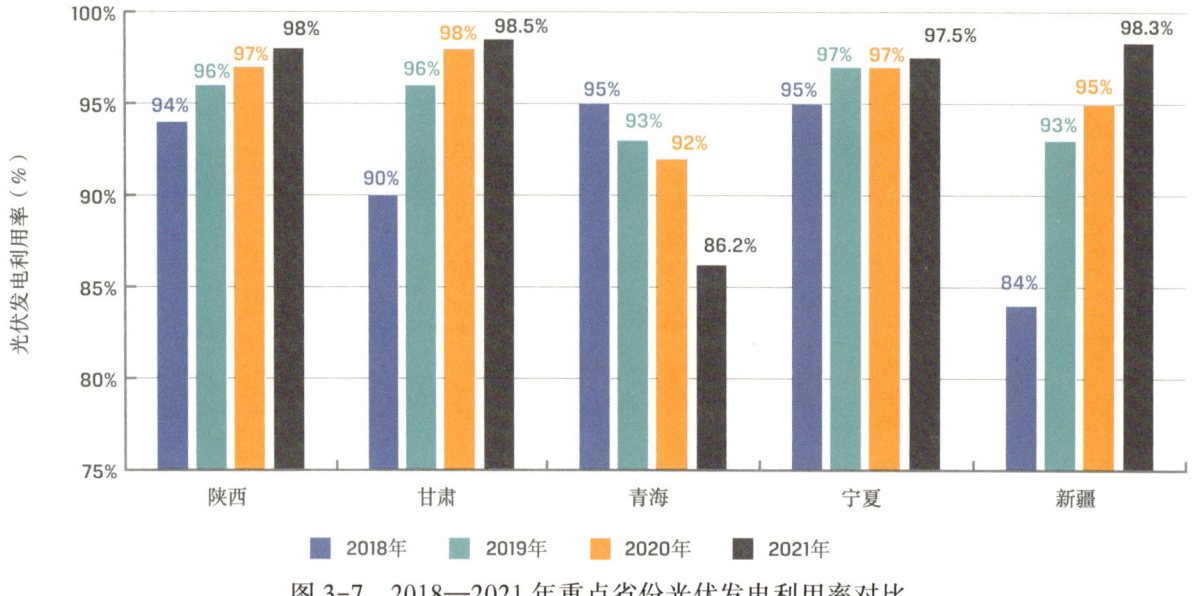

图 3-7 2018—2021 年重点省份光伏发电利用率对比

可再生能源电力消纳责任权重完成情况较好。2021 年，全国可再生能源发展取得诸多阶段性新成绩，在全社会用电量同比增长 10.3% 和许多流域来水偏枯的情况下，各省（区、市）采取有效措施，压实主体责任，通过积极并网新能源项目、灵活调整电力系统运行方式、组织跨省跨区绿电交易和可再生能源超额消纳量交易等，保障完成省级可再生能源电力消纳责任权重目标。

2021 年，国家下达全国最低可再生能源电力总量消纳责任权重为 29.4%，实际完成值为 29.4%，与下达指标持平，同比增长 0.6 个百分点。分省（区、市）来看，除西藏自治区免考核外，28 个省（区、市）完成了国家下达的 2021 年最低可再生能源电力总量消纳责任权重，其中 13 个省（区、市）达到激励值，甘肃、新疆未完成最低可再生能源电力总量消纳责任权重，分别相差 2.6 个和 1.8 个百分点。

2021 年，国家下达全国最低可再生能源电力非水消纳责任权重为 12.9%，实际完成值为 13.7%，超出下达指标 0.8 个百分点，同比增长 2.3 个百分点。分省（区、市）来看，29 个省（区、市）完成了国家下达的最低非水可再生能源电力消纳责任权重，其中 19 个省（区、市）达到激励值。新疆未完成最低可再生能源电力非水消纳责任权重，相差 0.6 个百分点。

2021 年全国各省（区、市）可再生能源电力消纳责任权重完成情况见表 3-4。

表 3-4　2021 年全国各省（区、市）可再生能源电力消纳责任权重完成情况

省（区、市）	总量消纳责任权重			非水消纳责任权重		
	最低值	激励值	实际值	最低值	激励值	实际值
北京	18.00%	19.80%	19.80%	17.50%	19.30%	19.40%
天津	17.00%	18.70%	19.50%	16.00%	17.60%	18.40%
河北	16.50%	18.20%	17.60%	16.00%	17.60%	16.80%
山西	20.00%	22.00%	24.90%	19.00%	20.90%	23.40%
山东	13.00%	14.30%	15.80%	12.50%	13.80%	14.90%
内蒙古	20.50%	22.60%	24.10%	19.50%	21.50%	22.50%
辽宁	15.50%	17.10%	19.10%	13.50%	14.90%	14.00%
吉林	28.00%	30.90%	29.90%	21.00%	23.10%	21.00%
黑龙江	22.00%	24.20%	23.30%	20.00%	22.00%	23.20%
上海	31.50%	35.00%	31.90%	4.00%	4.40%	5.20%
江苏	16.50%	18.20%	18.60%	10.50%	11.60%	12.10%
浙江	18.50%	20.50%	18.90%	8.50%	9.40%	8.60%
安徽	16.00%	17.60%	19.30%	14.00%	15.40%	16.00%
福建	19.00%	21.00%	19.00%	7.50%	8.30%	9.10%
江西	26.50%	29.30%	29.30%	12.00%	13.20%	13.10%
河南	21.50%	23.70%	29.00%	18.00%	19.80%	21.40%
湖北	37.00%	41.00%	41.50%	10.00%	11.00%	10.90%
湖南	45.00%	49.90%	46.40%	13.50%	14.90%	14.00%
重庆	43.50%	48.30%	45.50%	4.00%	4.40%	4.30%
四川	74.00%	82.00%	80.40%	6.00%	6.60%	7.10%
陕西	25.00%	27.60%	26.70%	15.00%	16.50%	17.90%
甘肃	49.50%	54.80%	46.90%	18.00%	19.80%	18.90%
青海	69.50%	77.00%	77.10%	24.50%	27.00%	29.30%
宁夏	24.00%	26.40%	28.80%	22.00%	24.20%	26.20%
新疆	22.00%	24.30%	20.20%	12.50%	13.80%	11.90%
广东	29.00%	32.20%	29.00%	5.00%	5.50%	5.70%
广西	43.00%	47.70%	43.10%	10.00%	11.00%	11.40%
海南	16.00%	17.70%	17.50%	8.00%	8.80%	9.40%
贵州	35.50%	39.40%	36.10%	8.50%	9.40%	9.80%
云南	75.00%	83.00%	77.50%	15.00%	16.50%	15.00%
西藏	不考核	不考核	不考核	不考核	不考核	不考核

注：1. 西藏不参与考核。
　　2. 湖南已计入贵州点对网 45.5 亿度水电。

3.4 区域发展

1 区域发展总体概况

(1) 开发建设布局持续优化

2021年,"三北"地区和中东南部地区开发建设布局呈现均衡发展态势,"三北"地区新增装机容量3037万千瓦,同比下降2%,占全国新增比重下降至55%,同比下降9个百分点;中东南部地区新增装机容量2451万千瓦,同比增长29%,占全国新增比重增至45%。2020年和2021年全国六大区域光伏发电新增装机占比见图3-8。截至2021年底,"三北"地区累计装机容量17547万千瓦,同比增长21%,占全国累计比重57%,比重与2020年基本持平;中东南部地区累计装机容量13052万千瓦,同比增长21%,占全国累计比重43%(见图3-9)。

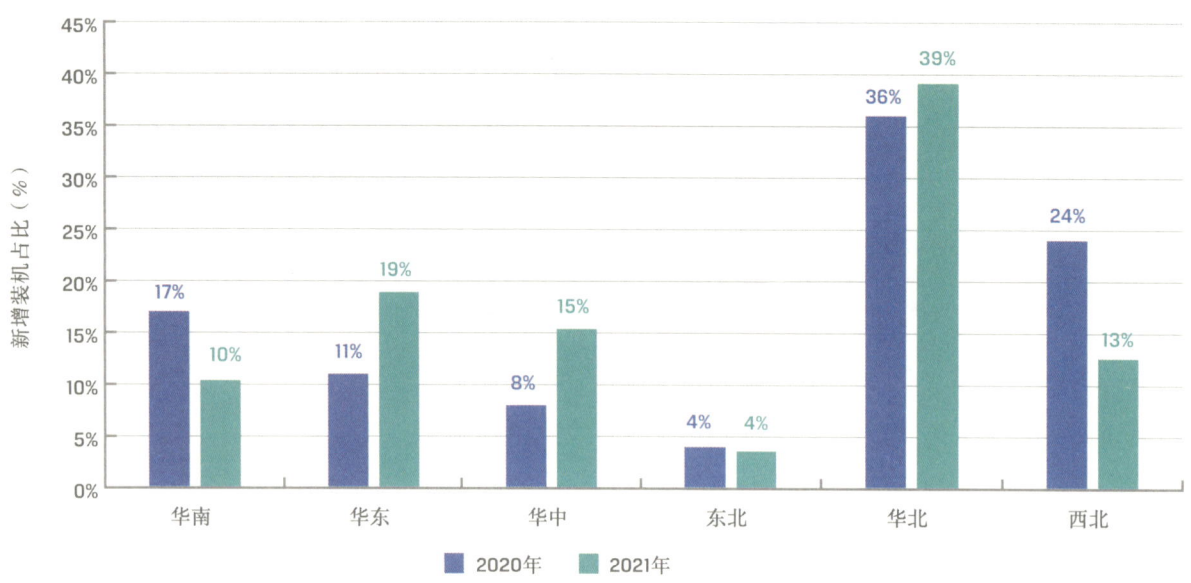

图3-8 2020年和2021年全国六大区域光伏发电新增装机占比

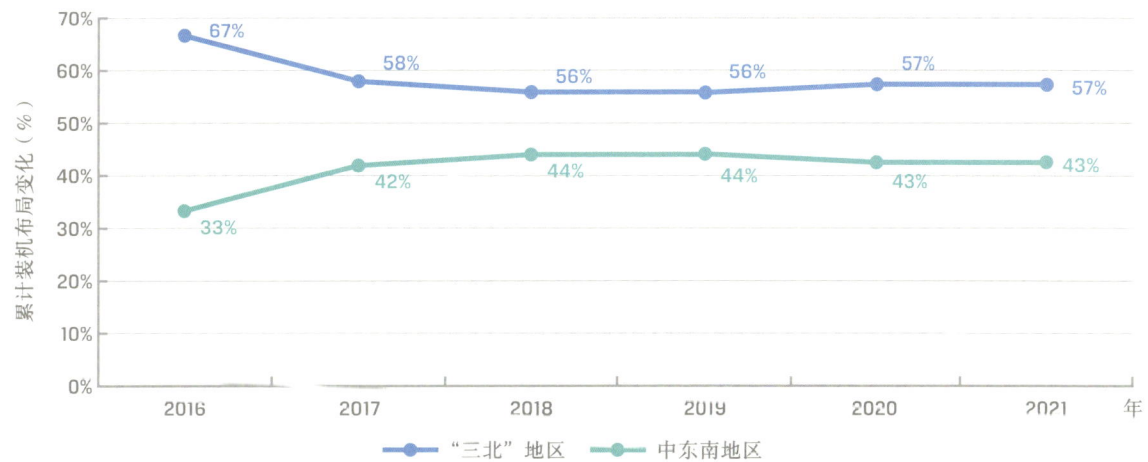

图 3-9　2016—2021 年全国光伏发电累计装机布局变化趋势

（2）装机布局主要集中在华北、西北、华东

从光伏发电累计装机看，华北、西北、华东三个地区合计超过全国的 70%，占比分别为 30%、23%、19%（见图 3-10）。其中，山东、河北两省累计装机居全国第一、第二位，规模均超过 2500 万千瓦，分别达到 3343 万千瓦、2921 万千瓦；江苏、浙江、安徽三省以及西北地区的青海、华中地区的河南两省，累计装机均位居全国前十，且均保持两位数以上的较快增长水平（见图 3-11）。

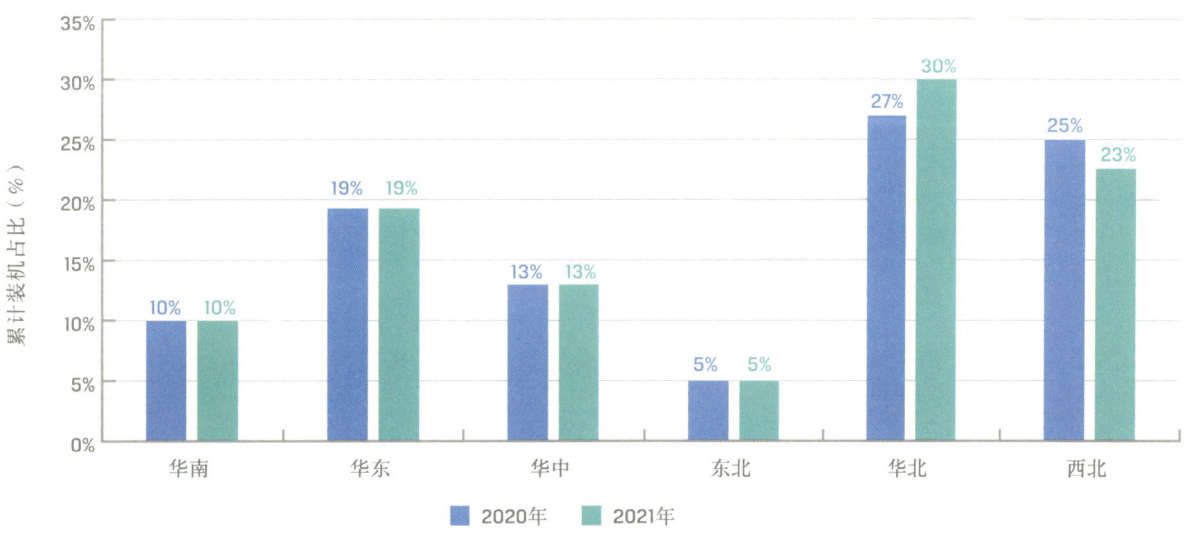

图 3-10　2020 年和 2021 年全国六大区域光伏发电累计装机占比

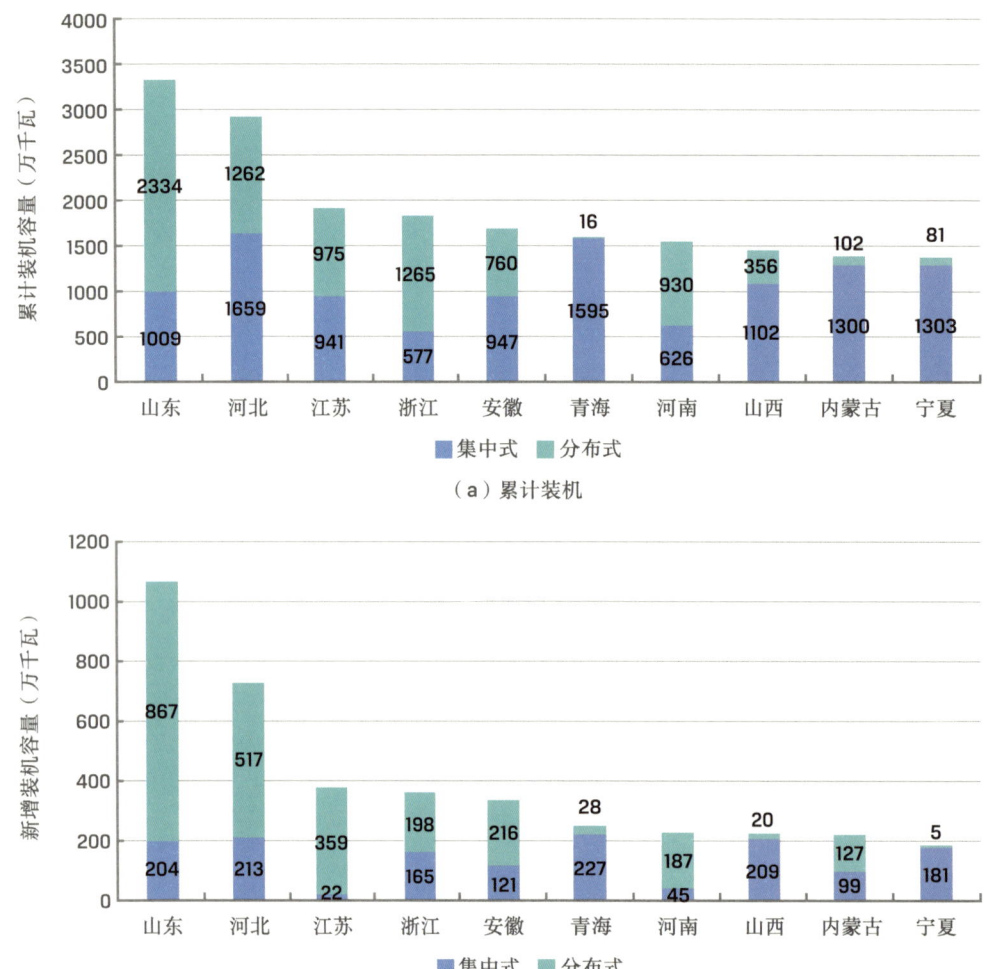

图 3-11 2021 年全国光伏发电装机容量排名前十省（区）

2 典型省份分析

2021 年，全国光伏发电累计装机容量超过 1500 万千瓦的省份达到 7 个，依次为山东、河北、江苏、浙江、安徽、青海以及河南；全国光伏发电新增装机容量超过 300 万千瓦的省份有 5 个，依次为山东、河北、河南、浙江以及安徽。全国累计装机容量和新增装机容量最大的省份均为山东，累计装机和新增装机分别为 3343 万千瓦、1071 万千瓦。从项目类型看，集中式光伏电站方面，累计装机容量最大的省份为河北，为 1659 万千瓦，新增装机容量最大的省份为湖北，为 227 万千瓦；分布式光伏方面，累计装机容量和新增装机容量最大的省份均是山东，累计和新增装机分别为 2334 万千瓦、867 万千瓦。

以下对山东、河北、湖北三个典型省份进行分析,其中山东是全国累计装机容量和新增装机容量最大的省份,河北是全国集中式光伏电站累计装机容量最大的省份,湖北是全国集中式光伏电站新增装机容量最大的省份,分析这些省份2021年光伏发电建设运行情况。

(1) 山东省

• 资源状况

山东属Ⅲ类太阳能资源区,2/3以上面积年日照时数在2200小时以上,年太阳辐射总量在1278～1556千瓦时/平方米。其中,半岛大部、鲁西北大部、鲁中部分地区属太阳能资源较丰富地区,鲁西南、鲁东南大部、鲁西北局部地区属资源可利用区域(见图3-12)。

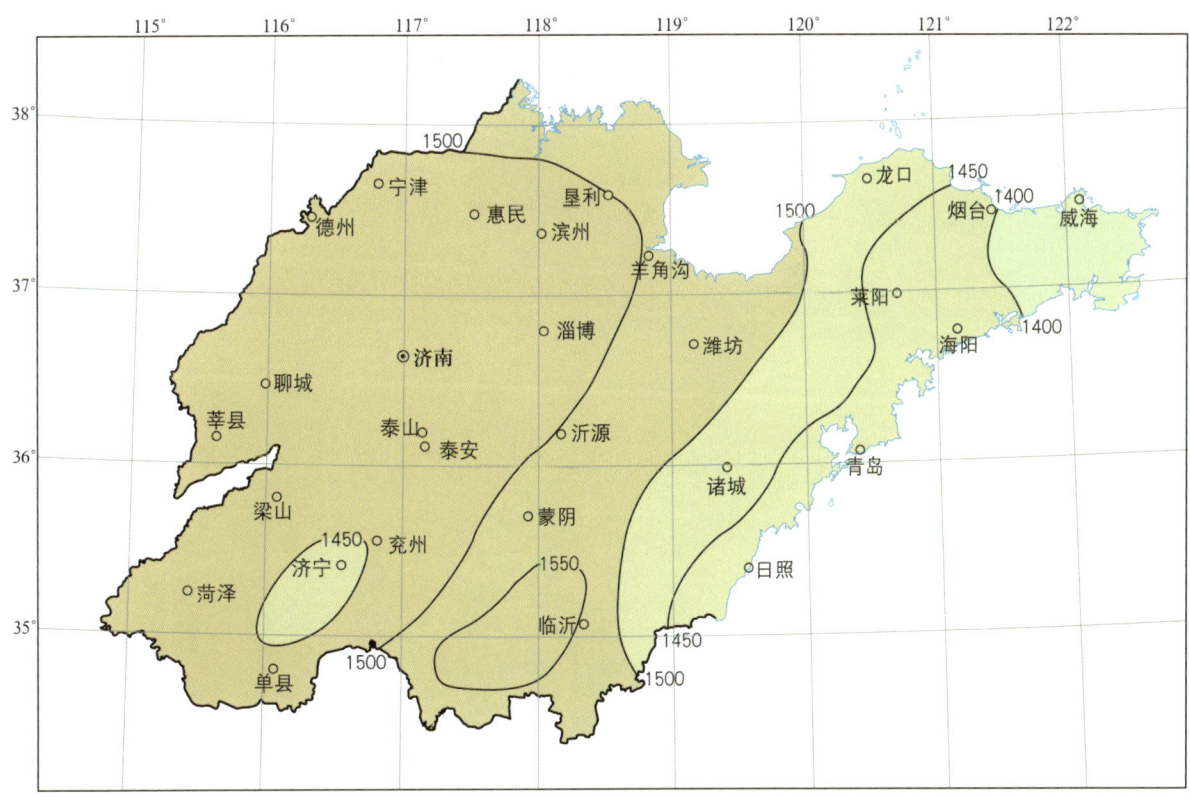

图3-12 山东太阳能资源分布

- **建设情况**

在国家政策支持、各级政府推动、消纳空间保障的叠加作用下，山东光伏发电行业保持快速发展。2021 年，山东光伏发电新增装机容量 1071 万千瓦，约占全国的 19.5%。其中，集中式新增 204 万千瓦，同比增长 67.2%；分布式新增 867 万千瓦，同比增长 65.1%。截至 2021 年底，山东光伏发电累计装机容量达到 3343 万千瓦，连续 5 年位居全国第一。其中，集中式累计装机容量达到 1009 万千瓦，同比增长 25.3%；分布式累计装机容量达到 2334 万千瓦，同比增长 59.1%。2013—2021 年山东光伏发电装机变化趋势如图 3-13 所示。

分布式光伏装机继续保持强劲增长势头。2021 年，得益于太阳能辐射资源水平高、电力负荷需求大等优势，山东蝉联全国分布式光伏新增装机和累计装机最大的省份。2021 年，山东分布式光伏新增装机容量 867 万千瓦，约占全国新增分布式光伏装机的 29.6%。截至 2021 年底，山东累计分布式光伏装机容量 2334 万千瓦，约占全省光伏发电累计装机的 69.8%。2013—2020 年山东光伏发电新增装机构成对比如图 3-14 所示。

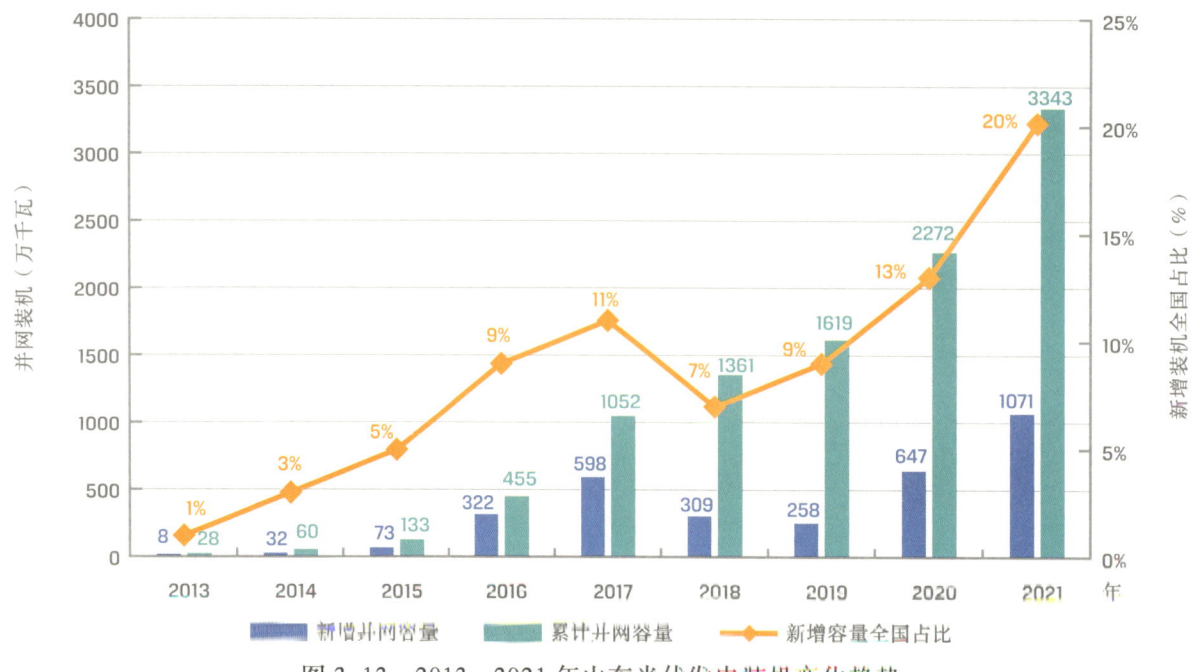

图 3-13 2013—2021 年山东光伏发电装机变化趋势

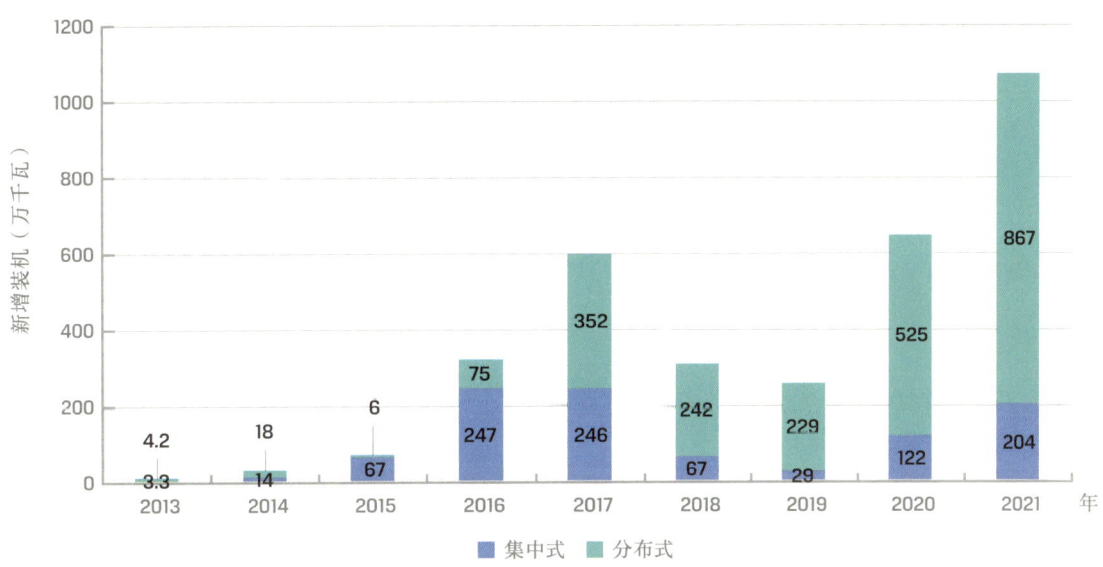

图 3-14　2013—2021 年山东光伏发电新增装机构成对比

• **运行情况**

2021 年，山东光伏发电量约 310 亿千瓦时，同比增长 55%（见图 3-15）。其中，集中式光伏发电量约 108 亿千瓦时，同比增长 20%；分布式光伏发电量约 202 亿千瓦时，同比增长 74%。光伏发电年利用小时数 1151 小时，同比增加 35 小时。山东属受端区域，电力消纳条件总体良好，光伏发电利用率超过 99%。

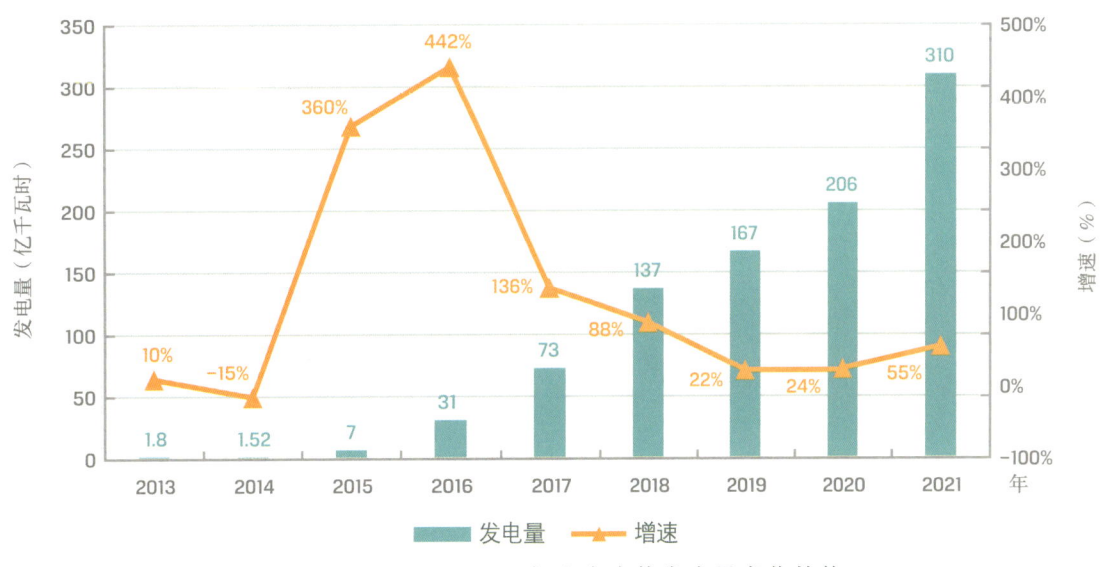

图 3-15　2013—2021 年山东光伏发电量变化趋势

(2)河北省

- **资源状况**

河北属于太阳能资源较丰富地带,仅次于青藏及西北地区,年辐射量为 4981～5966 兆焦/平方米,全省可开发量约 9000 万千瓦,其中,北部张家口、承德地区年日照小时数平均 3000～3200 小时,中东部地区 2200～3000 小时,分别为太阳能资源Ⅱ类和Ⅲ类地区,具备地面电站、农光互补、光电建筑一体化等多种形式的光电开发条件,有较大的开发利用潜力(见图 3-16)。

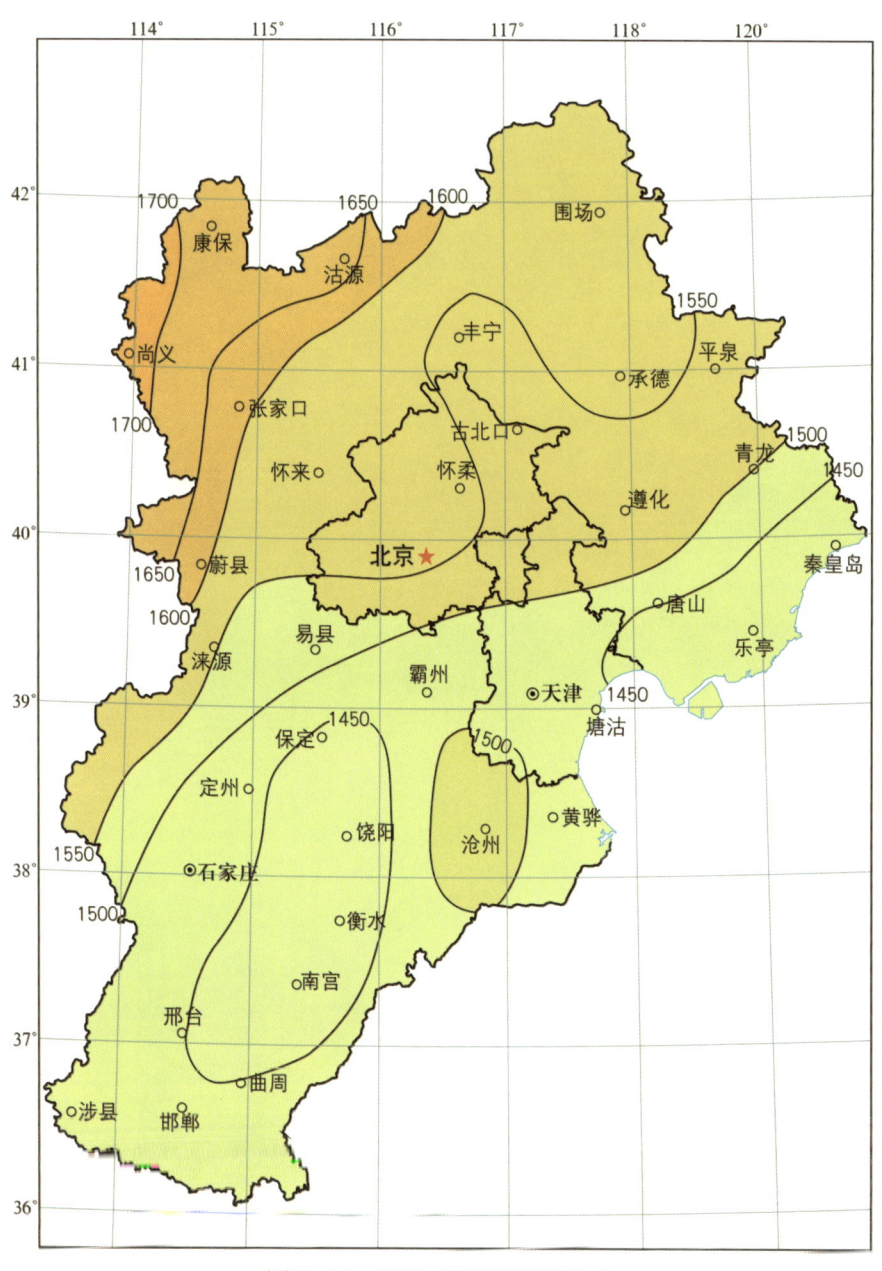

图 3-16　河北太阳能资源分布

- **建设情况**

2021年，河北光伏发电新增装机容量为730万千瓦，同比下降2.1%，约占全国新增装机的14%。其中，集中式光伏新增装机容量213万千瓦，在全省新增装机中占比29.2%；分布式光伏新增装机容量517万千瓦，在全省新增装机中占比70.8%。截至2021年底，全省累计装机容量2921万千瓦，同比增长33%，居全国第二位。其中，集中式光伏1659万千瓦，居全国首位；分布式光伏1262万千瓦。2015—2021年河北光伏发电装机变化趋势如图3-17所示。

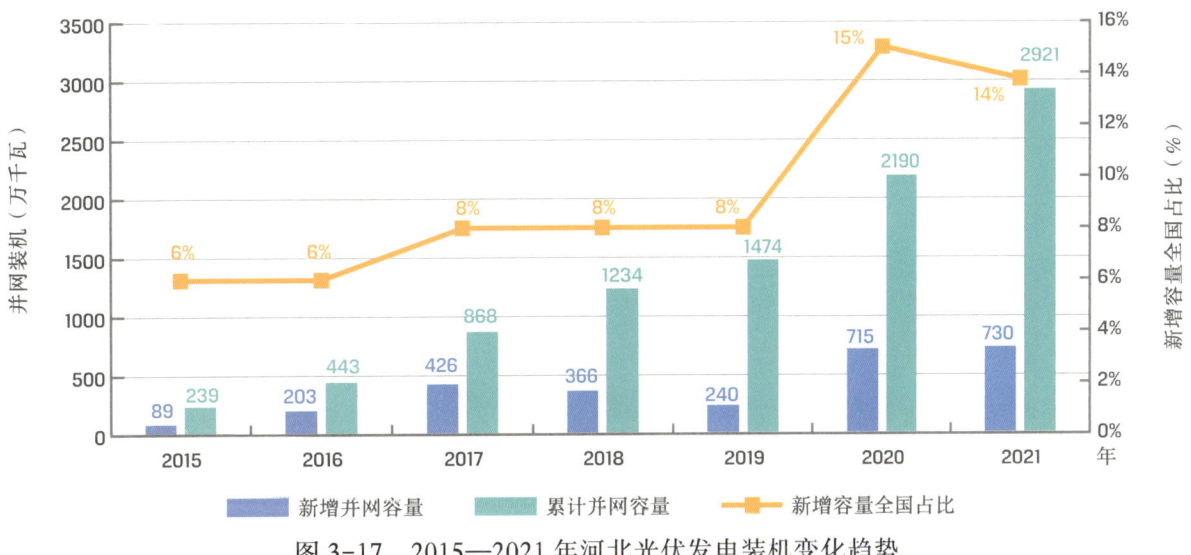

图3-17　2015—2021年河北光伏发电装机变化趋势

- **运行情况**

2021年，河北光伏发电量约279亿千瓦时，同比增长33%（见图3-18）。其中，集中式光伏发电量约166亿千瓦时，同比增长18%；分布式光伏发电量约113亿千瓦时，同比增长62%。光伏发电年利用小时数1162小时，同比减少103小时。河北电力消纳条件总体良好，光伏发电利用率超过98%。

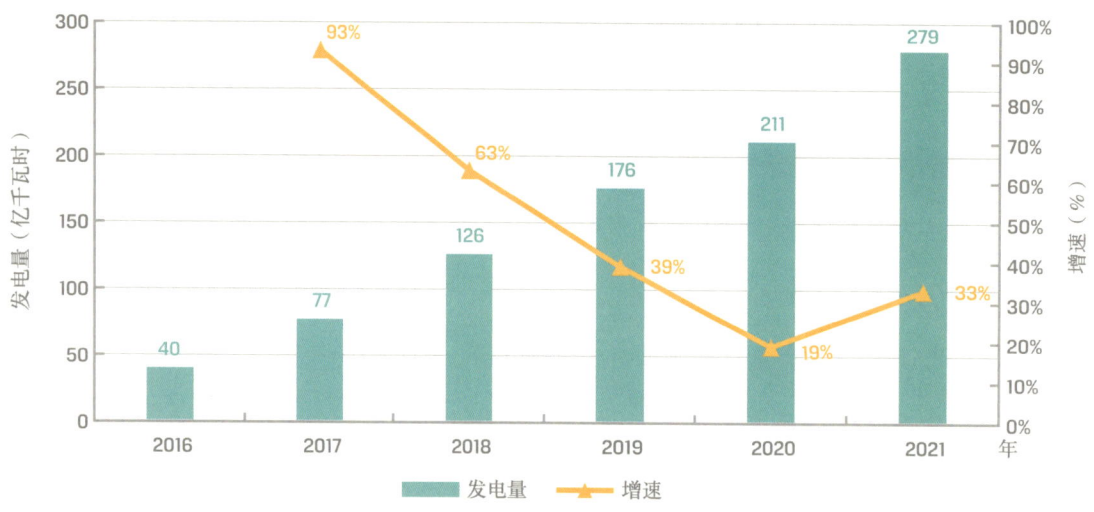

图 3-18　2016—2021 年河北光伏发电量变化趋势

（3）湖北省

• **资源状况**

湖北属Ⅲ类太阳能资源区，年日照时数 1600 小时左右，年太阳辐射总量在 874 ~ 1249 千瓦时/平方米。其中，鄂东部的黄冈、武汉、孝感地区，水平面总辐射量较高；鄂北部的十堰、襄阳地区，总辐射量适中；鄂西南的恩施地区，总辐射量较低（见图 3-19）。

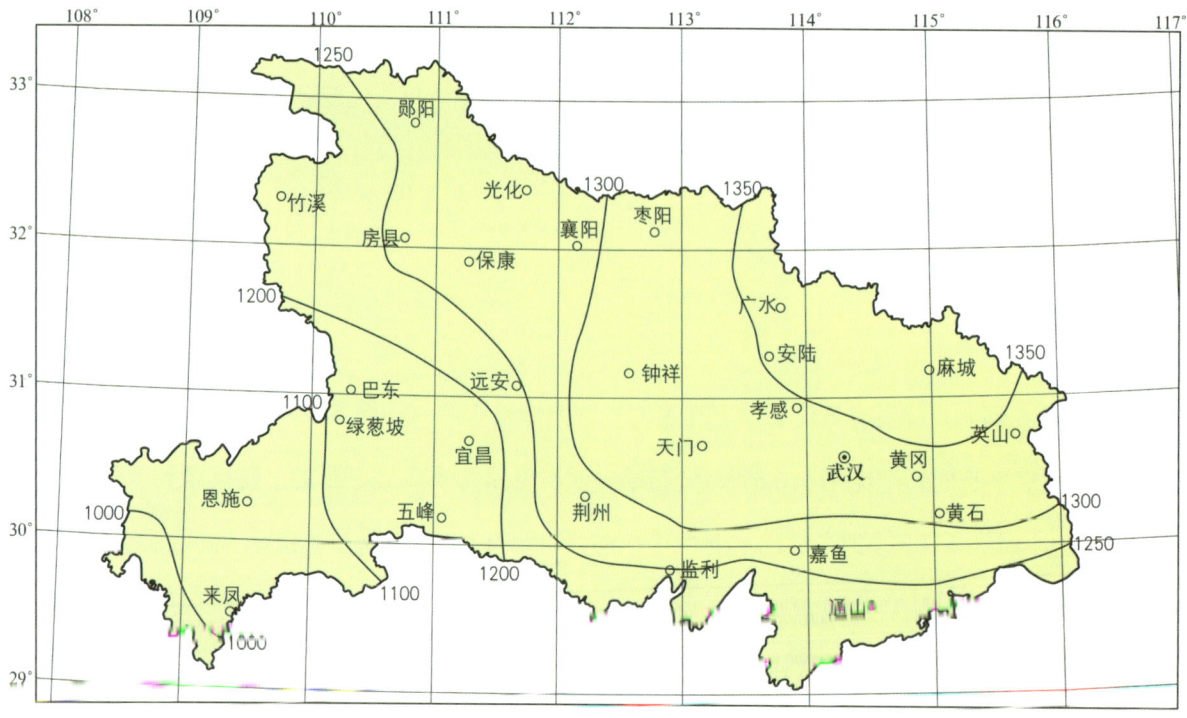

图 3-19　湖北太阳能资源分布

开发应用篇
Development and Application

• **建设情况**

2021年,湖北光伏发电新增装机容量为255万千瓦,同比增长235%,约占全国新增装机的5%。其中,集中式光伏新增装机容量227万千瓦,居全国首位,在全省新增装机中占比89%;分布式光伏新增装机容量28万千瓦,在全省新增装机中占比11%。截至2021年底,全省累计装机容量953万千瓦,同比增长37%。其中,集中式光伏713万千瓦,分布式光伏240万千瓦。2016—2021年湖北光伏发电装机变化趋势如图3-20所示。

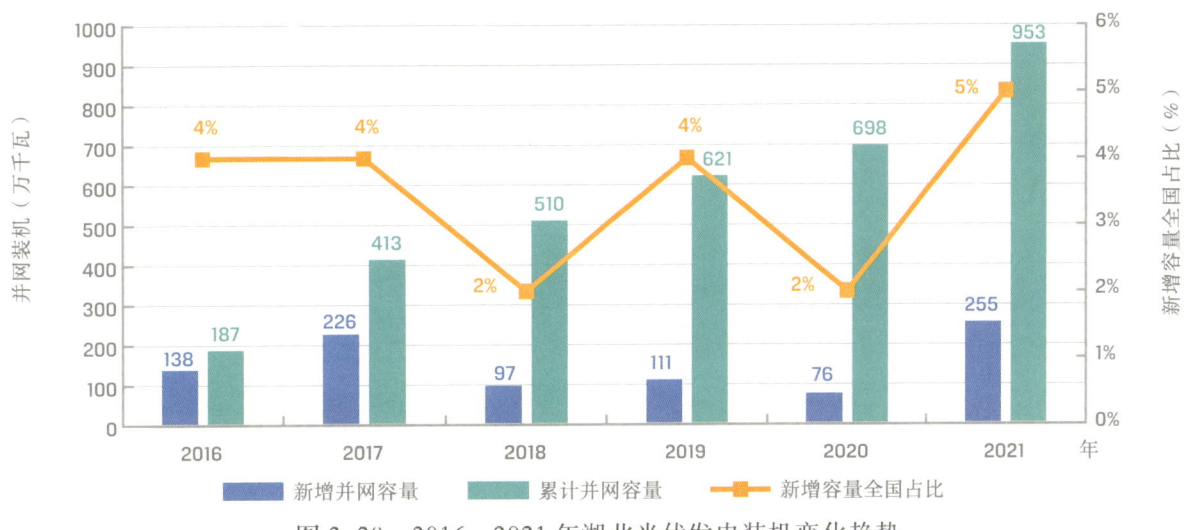

图3-20　2016—2021年湖北光伏发电装机变化趋势

• **运行情况**

2021年,湖北光伏发电量约83亿千瓦时,同比增长28%(见图3-21)。其中,集中式光伏发电量约63亿千瓦时,同比增长37%;分布式光伏发电量约20亿千瓦时,同比增长7%。光伏发电年利用小时数1033小时,同比减少52小时。

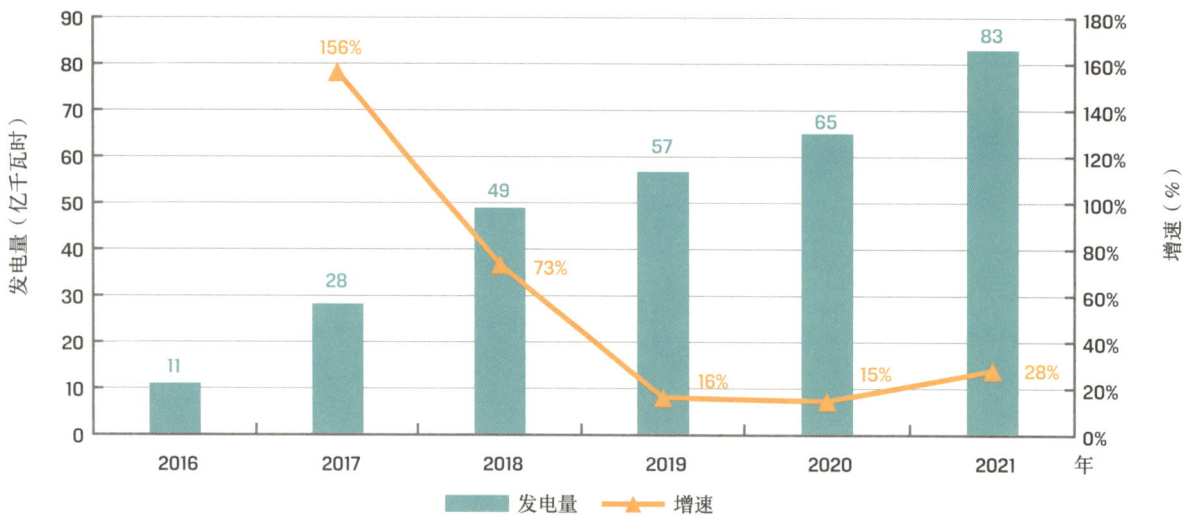

图 3-21　2016—2021 年湖北光伏发电量变化趋势

3.5　分布式光伏

新增分布式光伏装机占比首次突破 50%。 2021 年，全国分布式光伏新增装机容量 2928 万千瓦，同比增长 84%，占全国光伏发电装机比重 53.4%，首次超过集中式光伏装机规模，占比突破 50%，同比增长 20.4 个百分点，光伏发电分布式与集中式并举的发展趋势愈加明显（见图 3-22）。

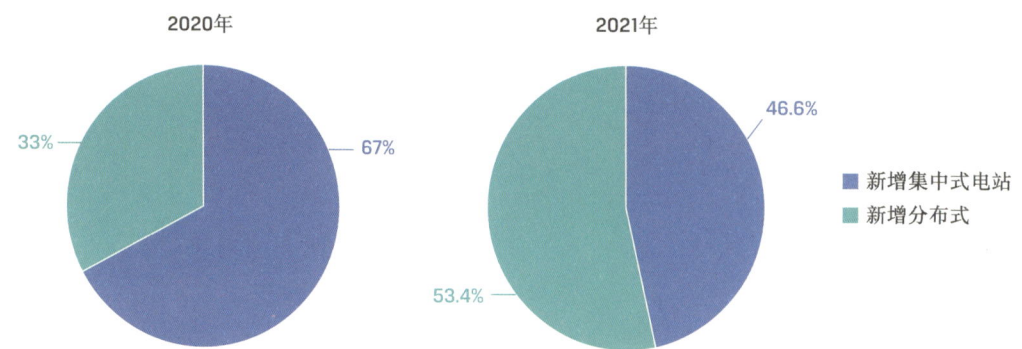

图 3-22　2020—2021 年全国光伏发电新增装机项目类型分布对比

分布式光伏装机规模突破 1 亿千瓦。 截至 2021 年底，全国分布式光伏累计装机容量达到 10751 万千瓦，突破 1 亿千瓦，同比增长 37.5%，在全国光伏发电总装机中占比 35%（见图 3-23）。

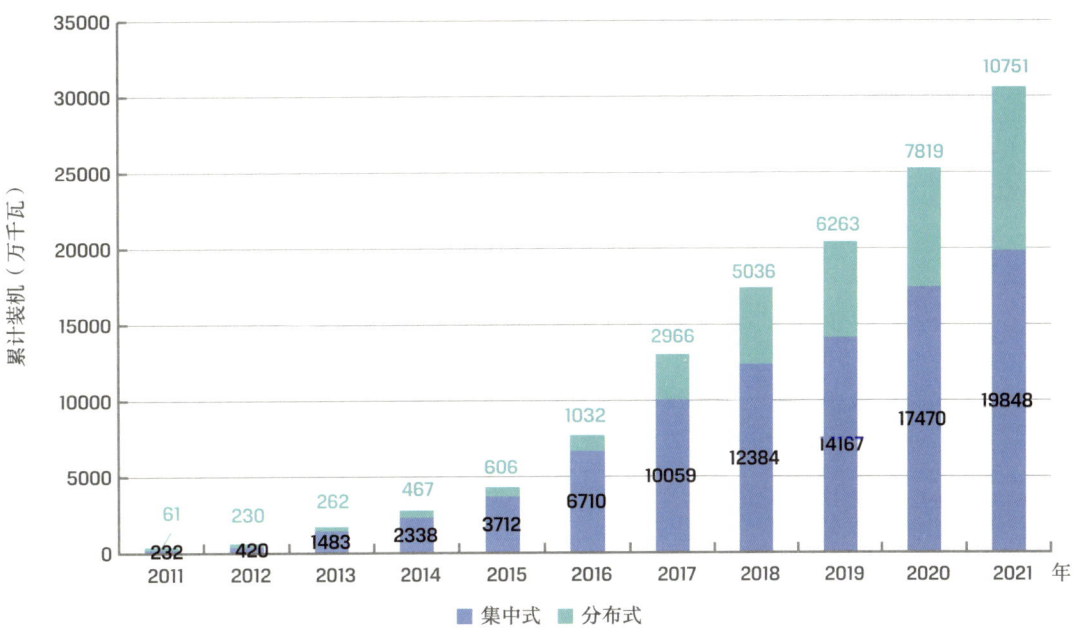

图 3-23　2011—2021 年光伏发电装机结构对比

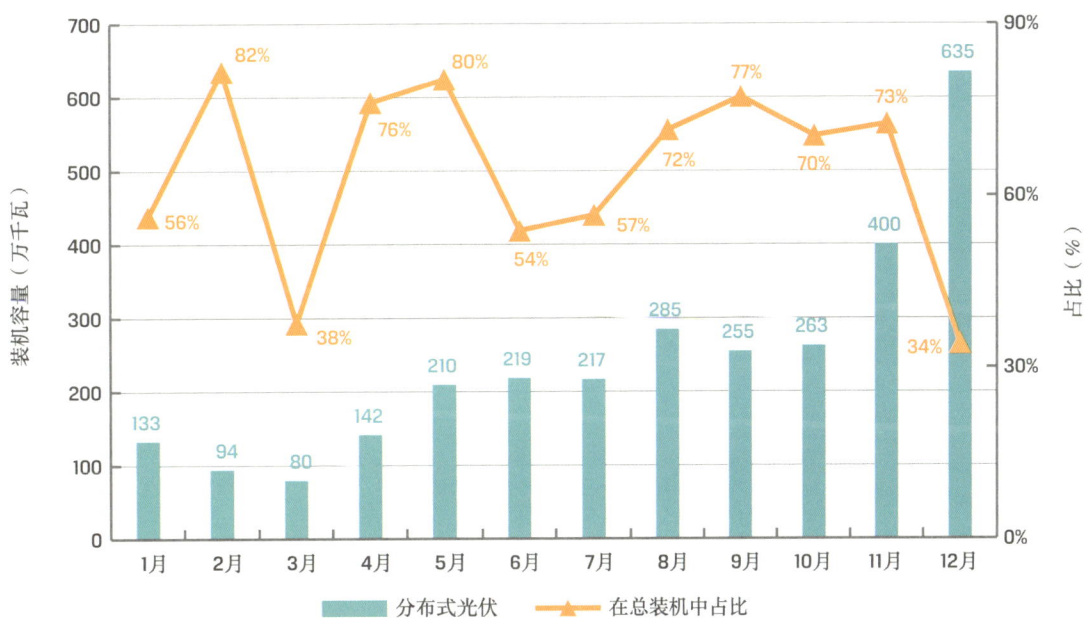

图 3-24　2021 年分布式光伏月度新增装机变化趋势

分地区看，分布式光伏装机主要集中在华北、华东和华中。得益于资源分布、电力负荷等相对优势，近年来华北、华东、华中地区分布式光伏发展较快。截至 2021 年底，华北、华东、华中区域的分布式光伏累计装机容量分别达到 4138 万千瓦、3382 万千瓦、1796 万千瓦，约占全国分布式光伏发电装机的 87%（见图 3-25）。其中排名前三的山东、浙江、河北三省累计装机容量分别为 2334

47

万千瓦、1265 万千瓦、1262 万千瓦（见图 3-26），分别占全国分布式光伏装机的 21.7%、11.8%、11.7%。

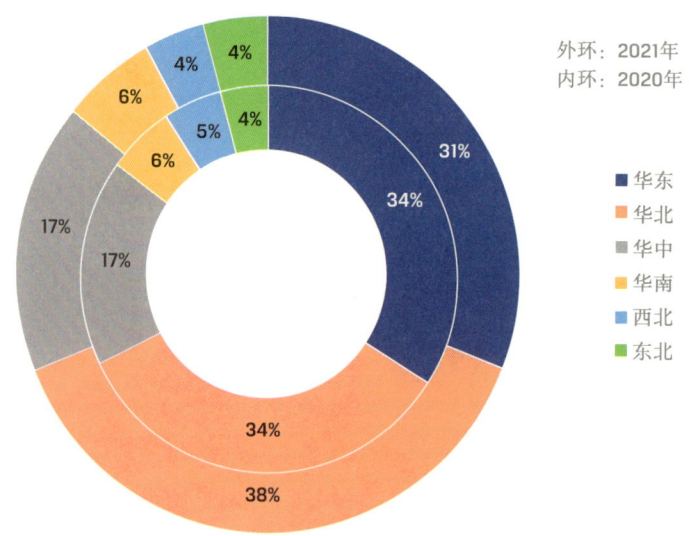

图 3-25　2020—2021 年全国六大区域分布式光伏累计装机占比

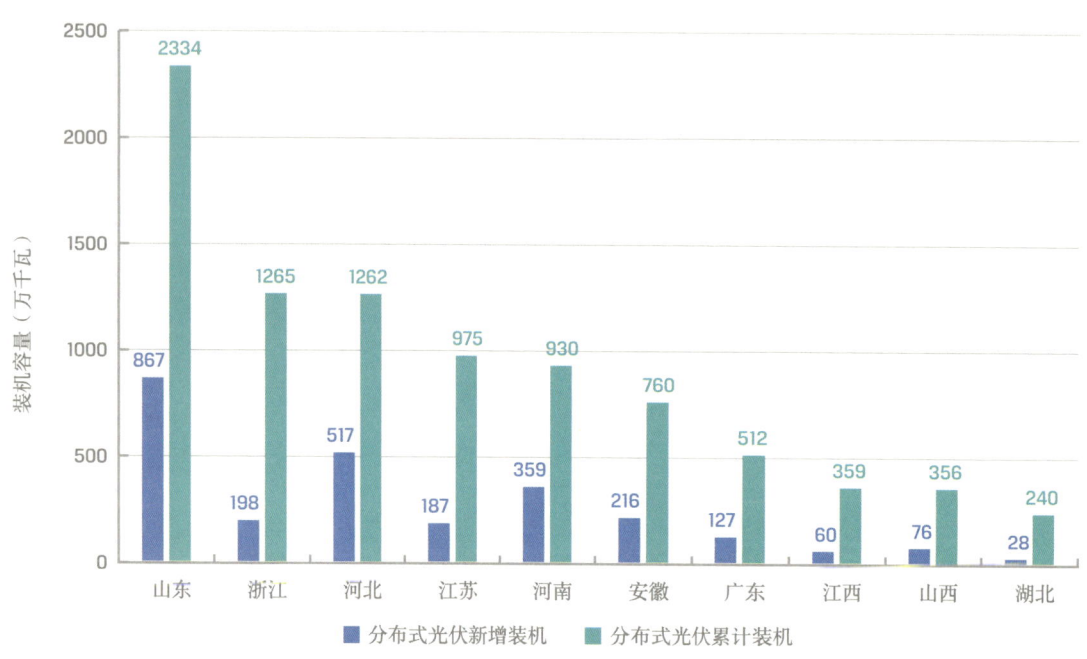

图 3-26　2020 年重点省份分布式光伏装机情况

户用光伏成为分布式光伏重要增长点。 在户用光伏补贴延续性政策激励下，全年户用分布式光伏新增装机容量达到 2160 万千瓦，年新增装机继上年首次超过 1000 万千瓦后，2021 年突破 2000 万千瓦，同比增长 112%，在全国新增分布式光伏装机中占比 73.7%，同比提升 9.6 个百分点。其中，12 月作为补贴政策的最后一个月，新增装机容量达到 509 万千瓦，创单月新高，占全年的 23.6%（见图 3-27）。截至 2021 年底，户用光伏累计装机达到 5030 万千瓦，占全国分布式光伏累计装机的 46.8%。

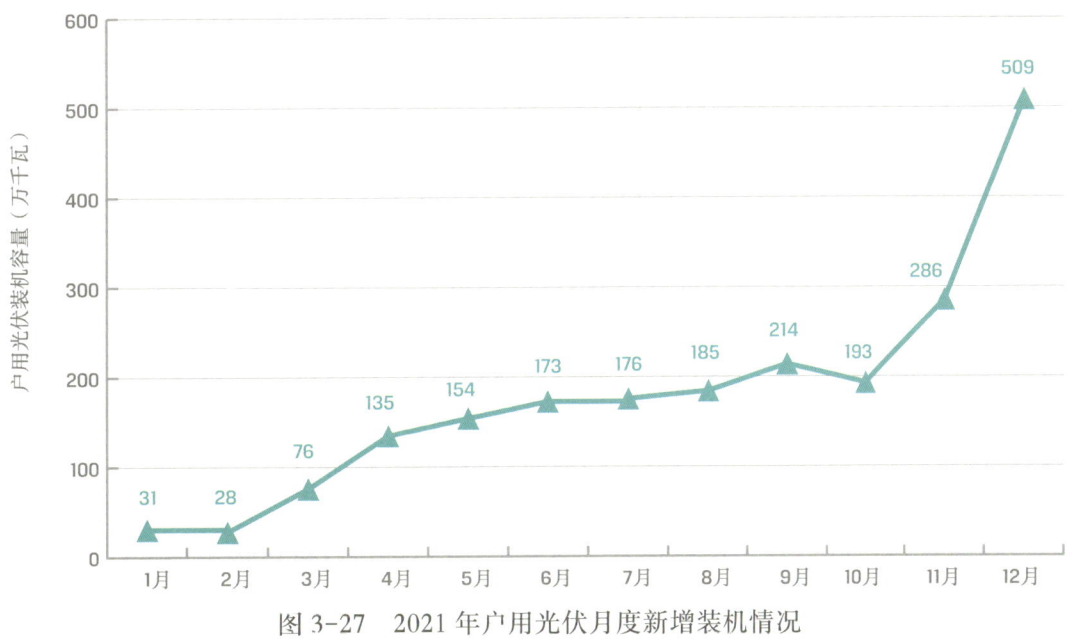

图 3-27　2021 年户用光伏月度新增装机情况

3.6　电力市场交易

1　新能源发电稳步参与电力市场化交易

截至 2021 年底，全国已有部分省份或地区针对非水可再生能源开展了电力市场化交易，主要为可再生能源发电消纳存在一定压力的省份或地区，包括新疆、甘肃、宁夏、青海、内蒙古及山西等地。可再生能源参与电力市场化交易的主要交易类型包括大用户直供交易、跨省跨区外送交易、风火置换交易、风电清洁供暖交易、电力现货交易及其他交易等。

各省（区、市）新能源参与市场化交易程度不同。以西北地区为例，新能源市场化交易电量占全部上网电量比例在 15%~100%。陕西 2021 年放开新能源 15% 的电量进入市场，新疆、甘肃、蒙东、宁夏新能源市场化电量占比约 2/3，市场化程度较高。青海新能源装机占比 60%，水电装机占比 30%，新能源已成为主力电源，不再安排优先发电计划电量，全部电量合同通过参与市场获得。

2　光伏发电项目参与电力现货和绿电交易试点

在首批电力现货市场试点中，部分省份探索可再生能源项目深度参与电力市场交易。以甘肃现货试点为例，2021 年 5 月结算试运行期间，甘肃统调新能源场站全部参与现货市场，包括风电场站 81 家，装机 1237 万千瓦，光伏场站 173 家，装机 740 万千瓦。受新能源发电能力整体偏小、电煤供应紧张等因素影响，当月市场价格整体较高。

绿电交易试点初期绿色电力产品主要为风电和光伏发电企业上网电量。2021 年 9 月 7 日，全国绿色电力交易市场完成首次交易，16 个省（区）共达成交易电量 79 亿千瓦时（交易期限为 1～5 年），成交均价较火电基准价增加约 2 分 / 千瓦时，较中长期协议增加 3～5 分 / 千瓦时。

3.7　投资成本

总投资同比上升。 2021 年，在"碳达峰、碳中和"目标引导下，光伏发电社会关注度不断提高，金融环境明显改善，受益于新增规模的持续性增长，我国光伏发电投资总体呈现上升趋势。2021 年，光伏发电新增投资规模约 2157 亿元，同比上升 17%，其中，集中式光伏电站新增投资约 1062 亿元，分布式光伏新增投资约 1095 亿元。

单位投资成本略有上涨。 近年来，我国光伏电站投资成本均呈下降趋势，2021 年由于产业链价格波动，系统成本及组件价格均出现了首次上涨，光伏组件平均价格约 1.93 元 / 瓦，同比上涨 22.9%，组件成本约占总投资的 46%（见图 3-28），仍是最主要的构成部分。集中式光伏电站单位千瓦造价约 4150 元（见图 3-29），同比上涨 4.0%；分布式光伏单位千瓦造价约 3740 元，同比上涨 10.6%。

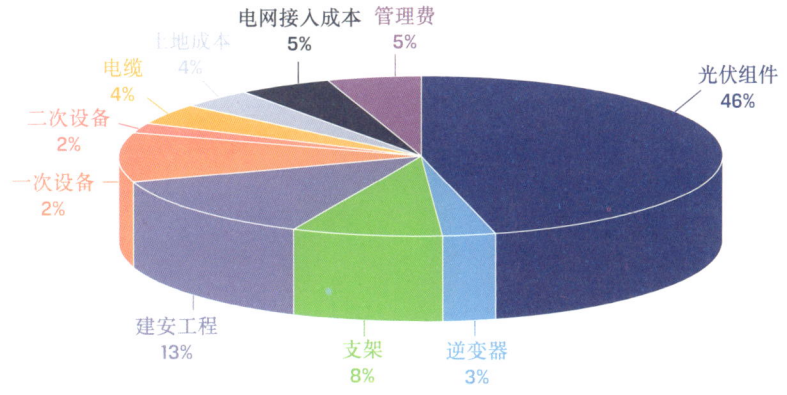

图 3-28　2021 年集中式光伏发电典型项目造价构成

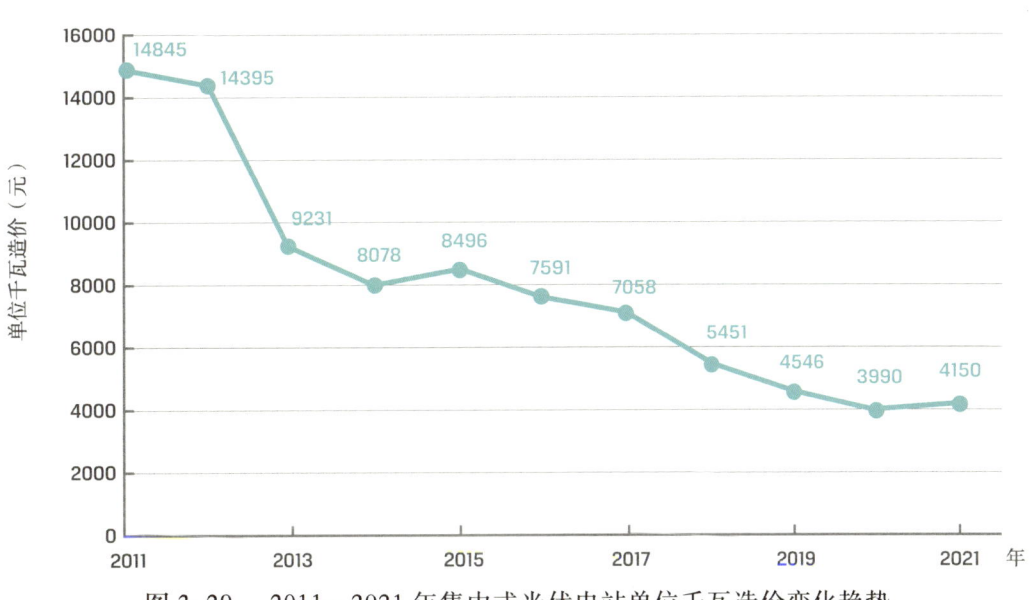

图 3-29　2011—2021 年集中式光伏电站单位千瓦造价变化趋势

4 产业发展篇
Industry Development

4.1 产业规模

在国内外市场需求推动下，2021年中国光伏发电产业规模排除不利因素影响，继续保持迅速扩大态势，制造端四个主要环节均实现高位增长。2021年，我国多晶硅产量达到50.6万吨，同比增长27.8%；硅片产量约为226.6吉瓦，同比增长40.4%；电池片产量为197.9吉瓦，同比增长46.8%，增幅最大；组件产量为181.8吉瓦，同比增长45.9%（见表4-1）。

表4-1 2021年中国光伏产品产量及增长情况

指标	多晶硅	硅片	电池片	组件
产量	50.6万吨	226.6吉瓦	197.9吉瓦	181.8吉瓦
增长率	27.8%	40.4%	46.8%	45.9%

4.2 进出口情况

2021年，我国光伏产品出口总额约284.3亿美元，同比增长43.9%。其中，硅片出口额24.5亿美元，出口量约22.6吉瓦；电池片出口额13.7亿美元，出口量约10.3吉瓦（见图4-1）。在全球能源绿色低碳转型背景下，海外光伏市场需求不断增长，组件出口额246.1亿美元，同比增长44.8%，出口量约98.5吉瓦，同比增长25%。组件出口额和出口量均创历史新高。在多晶硅进口方面，2021年我国太阳能级多晶硅进口额约18.7亿美元，同比增长108.2%；进口量约11万吨，同比增长11.1%。

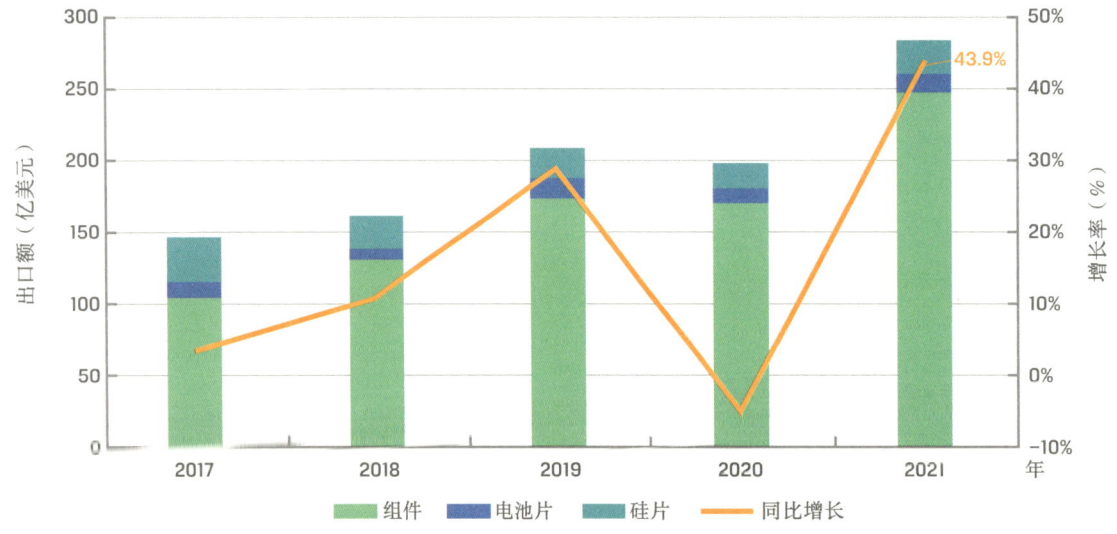

图4-1 2017—2021年中国光伏产品出口额及增长率

2021年，随疫情控制及政策放开，海外市场陆续恢复，加大了新能源投资，因此光伏出口到各大洲市场均有所增加。欧洲市场增幅最大，同比增长72%（见图4-2），2021年欧洲成为中国光伏产品最主要出口市场，约占出口总额的39%。从光伏组件出口市场来看，荷兰、巴西、印度市场份额增长明显，分别占组件出口额的24.3%、12.2%、10.3%。2021年，光伏市场的原材料及物流价格上涨并没有延缓欧盟成员国的项目实施，欧盟提出的应对气候变化一揽子计划激发了市场需求的潜力。巴西市场安装量大幅提升，对我国组件需求明显增长，2022年1月巴西新颁布的发电法，对于光伏非常利好，预计仍将保持旺盛的市场需求。2021年4月印度总理批准了一个新能源计划提案，该政策极大刺激了印度光伏市场的发展，此外，2021年7月至2022年3月为印度进口光伏组件及光伏电池征收基本关税前的空窗期（在此期间进口电池和组件不需要缴纳基本关税）。2022年4月1日起，印度对进口的组件和电池片将分别征收25%、40%的基本关税，因此2021年对印度组件出口有所提升并一直持续到了2022年第一季度。

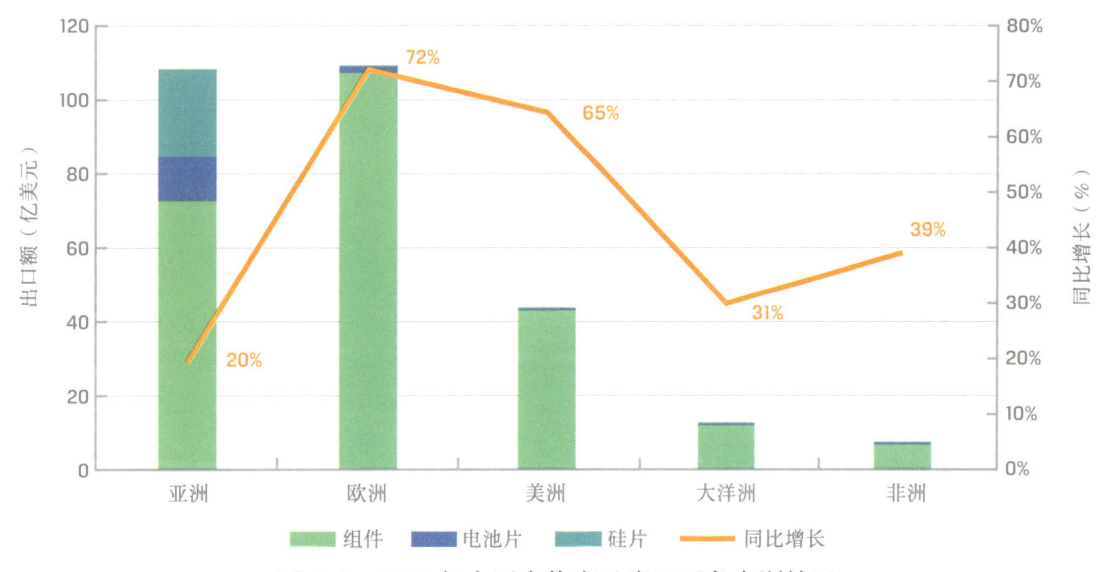

图4-2 2021年中国光伏产品出口至各大洲情况

4.3 技术创新

产业升级。 多晶硅方面，生产能耗显著降低，行业平均综合电耗已降至63kWh/kg-Si，同比下降5.3%，平均还原电耗为46kWh/kg-Si，同比下降6.1%。硅片方面，大尺寸和薄片化发展趋势明显。182毫米和210毫米尺寸的硅片合计占比增至45%；p型单晶硅片平均厚度达到170微米，至2021年底降至165微米。电池片方面，规模化生产的p型PERC电池片平均转换效率达到23.1%，

同比提高 0.3 个百分点（见图 4-3）；2021 年，n 型电池技术在产业化领域开始崭露头角，n 型电池效率均超过 24%，产业化推进速度加快，部分头部企业均部署或将要部署 n 型电池片产能。组件方面，最高功率进一步提升，从 2020 年的 600 瓦进一步提升至 2021 年的 700 瓦。

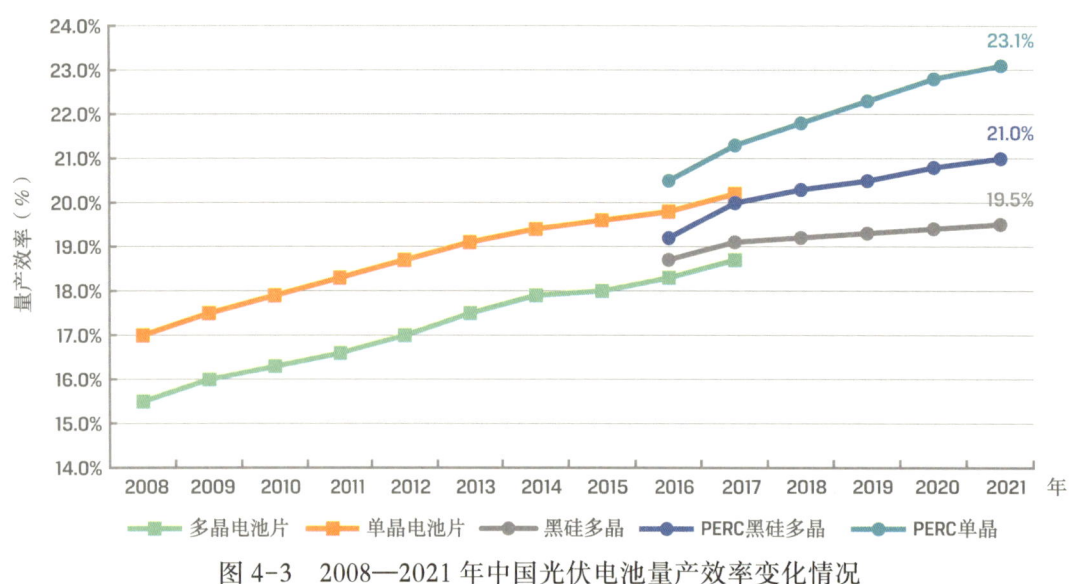

图 4-3　2008—2021 年中国光伏电池量产效率变化情况

技术研发。2021 年我国企业 / 研究机构晶硅电池实验室效率打破纪录 11 次。目前，我国 n 型 TOPCon、HJT、p 型单晶 TOPCon 的实验室最高转换效率已经分别达到 25.09%、26.30%、25.19%（见图 4-4）。

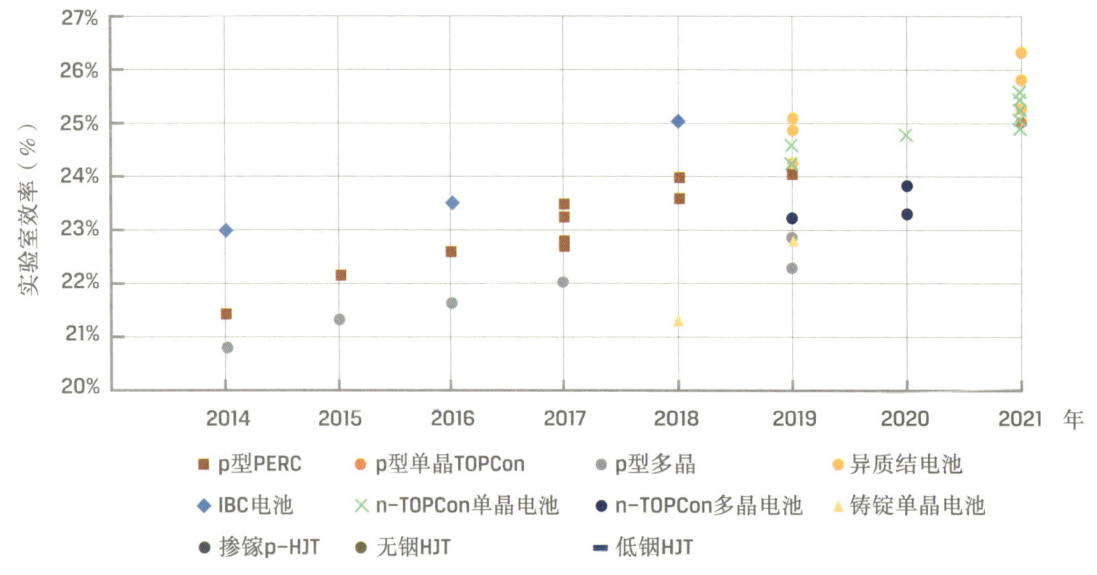

图 4-4　2014—2021 年中国光伏晶硅电池实验室效率刷新纪录情况

4.4 产品价格

光伏产品价格大幅上涨。其中多晶硅最高涨幅为 224%，单晶硅片最高涨幅为 82%，单晶电池片最高涨幅为 32%，组件最高涨幅为 25%。分析供应链价格上涨原因，主要包括以下几方面：一是全球通货膨胀及大宗商品价格上涨。中国是全球第一个从疫情中复产满产的国家，世界订单涌向中国，需求量高，供不应求，导致大宗商品价格上涨。此外，美国的金融政策也导致全世界通货膨胀程度增强。二是部分产品出现阶段性供需失衡，尤其表现在高纯多晶硅方面。除此之外，为响应国家的能耗"双控"政策要求，一些地方政府通过限电措施限制企业当期生产，这些措施在一定时间内造成光伏产业链企业减产 20%~50%，推高了产品价格。

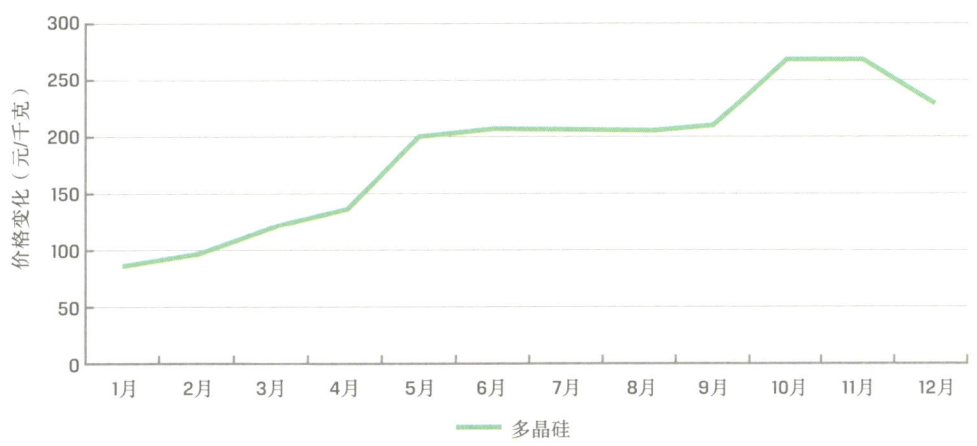

图 4-5　2021 年多晶硅料价格变化情况

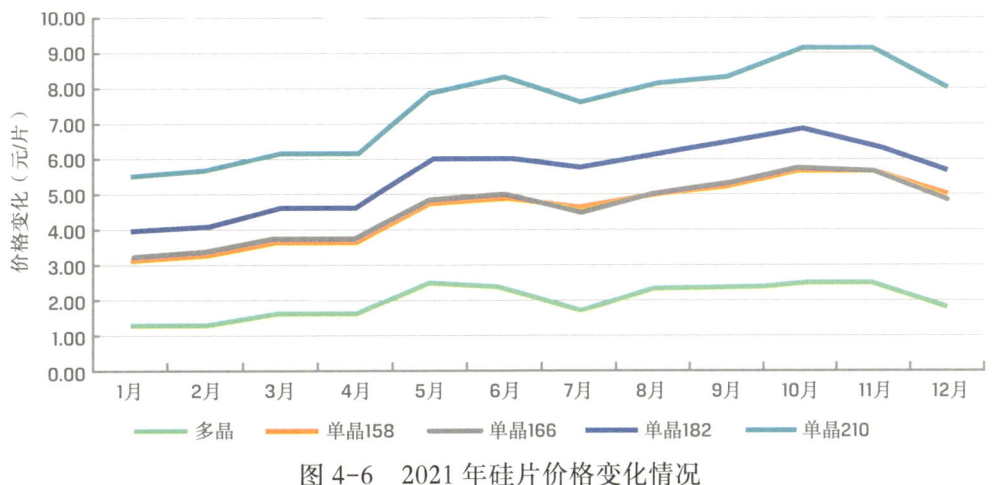

图 4-6　2021 年硅片价格变化情况

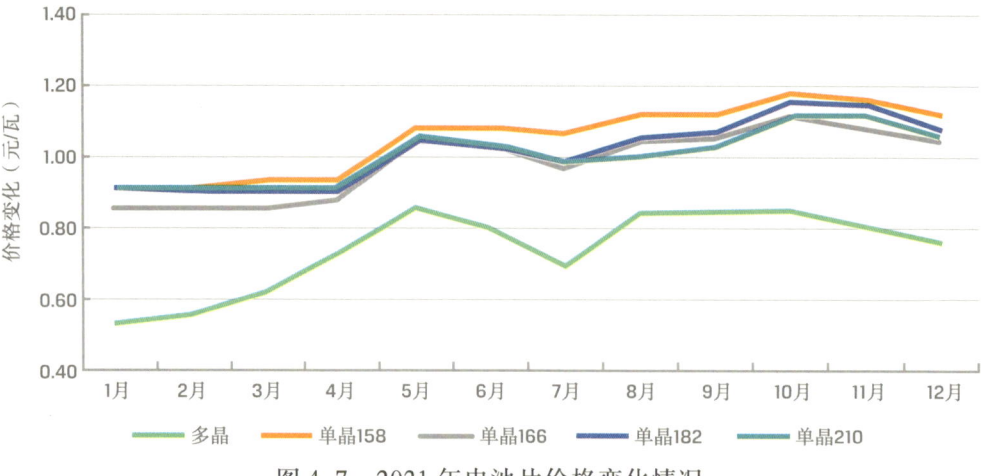

图 4-7　2021 年电池片价格变化情况

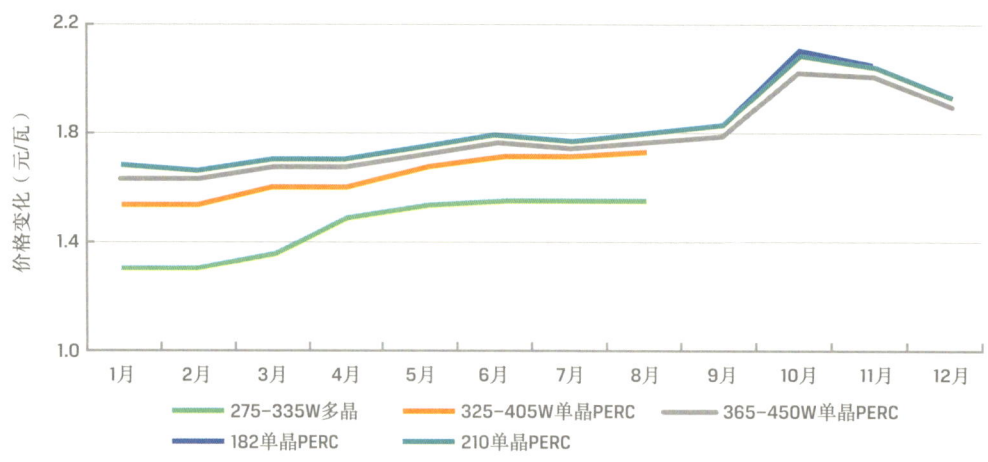

图 4-8　2021 年组件价格变化情况

5 国际合作篇
International Cooperation

5.1 全球光伏概述

2021年，尽管新冠肺炎疫情导致全球经济衰退、能源电力需求总体负增长，但全球光伏发电仍然保持了较好的增长势头，新增装机容量达到13281万千瓦，同比增长5.74%。截至2021年底，全球光伏发电总装机容量达到84309万千瓦，同比增长18.7%，占可再生能源总装机的27.5%，同比提升2.2个百分点（见图5-1）。

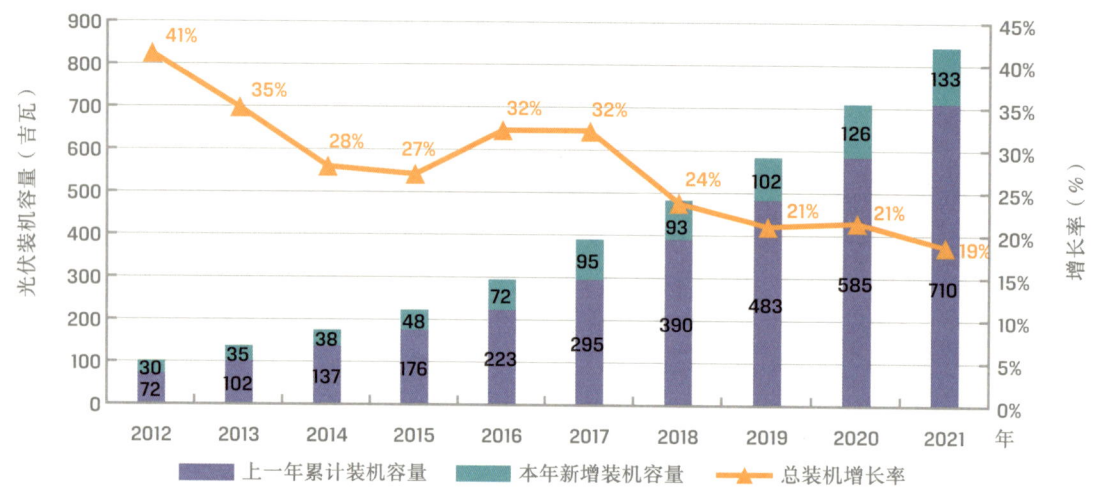

图5-1　2012—2021年全球光伏装机增长情况

从区域分布来看，截至2021年底，亚洲光伏发电累计装机容量达到48493万千瓦，占全球装机比重57.5%，居全球首位；欧洲累计装机容量18356万千瓦，占全球装机比重21.8%，居全球第二位；北美洲累计装机容量达到10437万千瓦，占全球装机比重12.4%，居全球第三位（见图5-2）。

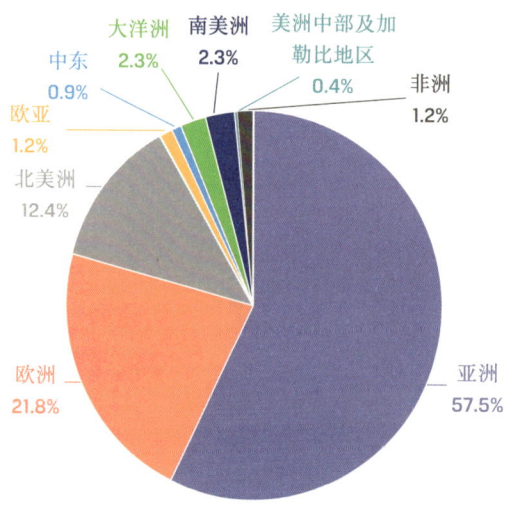

图5-2　2021年全球光伏装机占比区域分布

5.2 装备制造合作

2021年，我国光伏企业继续在海外扩大产能，提升产能优势，中国光伏制造企业在海外拥有超过65吉瓦产能。其中，硅片产能达到5吉瓦，电池片产能超过28吉瓦，组件产能超过32吉瓦（见图5-3）。除此之外，光伏玻璃、胶膜等企业也开始计划向海外部署产能。

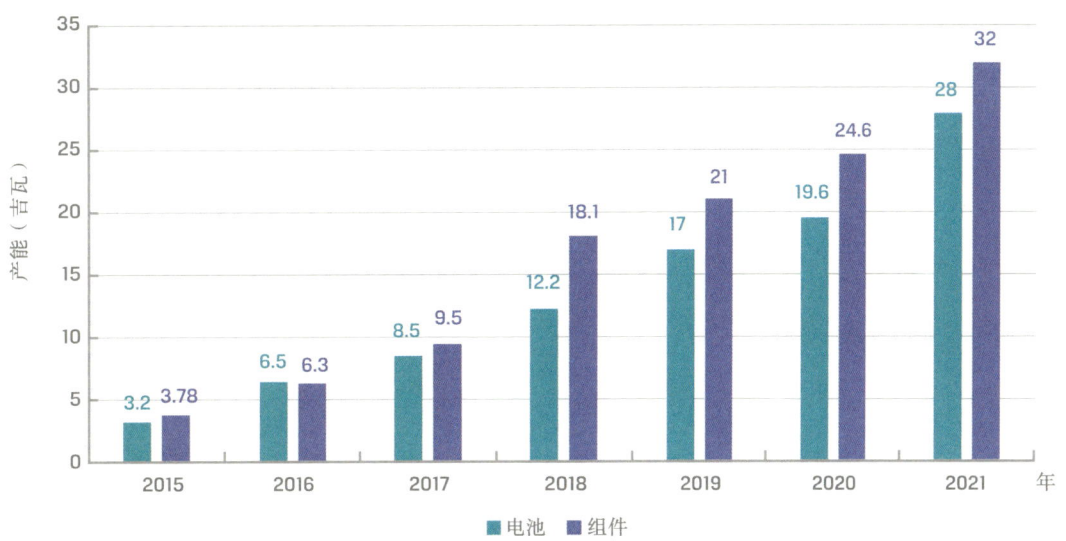

图 5-3　2015—2021 年中国光伏电池 / 组件企业海外产能布局情况

5.3 国际标准参编

截至2022年3月，IEC/TC82正式发布的现行标准共计133项（含TS、TR文件），其中，基础通用标准1项，电池和组件标准72项（含聚光型光伏组件标准9项），光伏部件标准19项，光伏系统标准41项（其中农村电气化和混合系统系列标准有21项）。近年来，我国实质参与IEC/TC 82国际标准化工作水平不断提高，积极申报国际标准提案。IEC/TC 82的标准项目中，由我国主导并发布的国际标准/文件共8项（包括3项TS文件和1项TR文件）。

截至2022年2月，IEC/TC 82在研的标准项目（含修订项目和修改项目）共计62项，其中2021年度立项标准25项（修订/改项目12项，制定项目13项），占全部在研项目（含修订项目和修改单）的40.3%，光伏领域国际标准化工作十分活跃。在研项目中，由我国牵头编制或修订的在研项目共11项，其中6项为2021年新立项标准（见表5-1）。

表 5-1 中国牵头制定的在研 IEC 标准 / 文件

序号	标准编号	标准名称
1	IEC 63104	太阳跟踪器 安全要求
2	IEC 60904-5/AMD1	修改单 1- 光伏器件 第 5 部分：用开路电压法测定光伏器件的等效电池温度
3	IEC TS 62257-7-2	农村电气化可再生能源和混合系统指南 第 7-2 部分：发电设备——离网风电机组
4	IEC 62817-1	平单轴跟踪系统设计要求
5	IEC 63349-1	光伏直驱电气控制器 第 1 部分：通用要求
6	IEC TS 63202-3	晶体硅双面电池电参数测试方法
7	IEC TS 63202-4	光伏电池 第 4 部分：晶体硅光伏电池光致热诱导衰减测试方法
8	IEC TS 63202-6	光伏电池 第 6 部分：晶体硅太阳电池水煮测试方法
9	IEC TS 63371-1	光伏电池用材料 第 1 部分：晶体硅硅片电性能技术规范
10	IEC TS 62446-4	光伏方阵电致发光在线测量
11	IEC 62788-8-1	晶体硅光伏组件用导电胶测试方法 第 8-1 部分：材料性能测试方法

6 形势与展望篇
Review and Prospect

6.1 面临形势

2021年,在"碳达峰、碳中和"目标推动下,我国光伏发电迎来了重大发展机遇期,新增开发应用规模达历史新高,新建项目全面实现平价上网,发电利用率维持较高水平,装备制造规模和技术水平持续进步。2022年,光伏作为可再生能源行业发展主力军,将面临新的形势和挑战。

1 国家重大战略目标为光伏行业发展提供广阔前景

"碳达峰、碳中和"目标提出后,2021年10月,中共中央、国务院发布《关于完整准确全面贯彻新发展理念做好碳达峰碳中和工作的意见》,国务院发布《关于印发2030年前碳达峰行动方案的通知》(国发〔2021〕23号),着力构建"碳达峰、碳中和""1+N"政策体系,明确提出到2030年,风电、太阳能发电总装机容量达到12亿千瓦以上;同时提出能源绿色低碳转型行动,要求大力发展新能源,加快建设新型电力系统。2021年底,中央经济工作会议也明确,新增可再生能源不纳入能源消费总量控制。随着"碳达峰、碳中和"目标的深入推进、新增可再生能源不纳入能源消费总量控制等重要指示落地实施,光伏行业将迎来较长的发展机遇期。

2 光伏发电规划与国土空间、土地生态功能保护、电网规划协同机制亟待建立

"碳达峰、碳中和"目标在要求大力发展新能源的同时,也对森林蓄积量等基本生态建设目标提出更高要求,光伏项目开发建设用地政策标准更加严格,需充分考虑生态红线、基本农田布局。此外,2022年及以后,我国光伏行业将继续保持高速发展态势,大规模、高比例新能源接入电网将大幅增加系统运行和消纳压力,需要在顶层设计层面统筹衔接光伏发电、国土空间、土地生态功能保护、电网消纳等各项发展规划,实现"多规合一",保障光伏行业更好更快发展。

3 光伏发电参与电力市场化交易面临挑战

当前光伏发电等新能源通过绿电交易试点、现货交易等方式逐步参与电力市场化交易,《关于加

快建设全国统一电力市场体系的指导意见》(发改体改〔2022〕118号)提出，到2030年，全国统一电力市场体系基本建成，新能源全面参与市场交易。随着电力体制改革的逐步深化，光伏发电等新能源参与市场化交易已是大势所趋。光伏发电出力具有波动性、间歇性，与传统具有调节能力的电源相比，需要额外自建（购买）系统调峰资源或直接承担较高的系统成本，光伏行业市场竞争力将进一步减弱。

4. 光伏发电开发收益短期面临波动风险

随着2019年中扩产硅料产能逐步释放，2022年下半年硅料供应将大幅增长，产业供需失配有望得到缓解，促使光伏终端产品价格逐步回归正常水平，但受新冠肺炎疫情及复杂国际形势影响，短期内光伏产业链各环节价格仍存在波动风险。此外，不少省份提出纳入保障性并网规模的光伏发电项目也按一定比例配置储能装置要求，土地费用、融资、电网送出等非技术成本短期内难以有效降低，光伏项目投资收益仍将面临波动风险。

6.2 发展趋势与市场展望

1. 集中式和分布式并举推动光伏装机规模持续快速增长

以大基地为依托的集中式光伏发电成为压舱石。习近平总书记在《生物多样性公约》第十五次缔约方大会上提出，中国将大力发展可再生能源，在沙漠、戈壁、荒漠地区加快规划建设大型风电光伏基地项目。目前，第一期装机容量约1亿千瓦的大型风电光伏基地项目已有序开工，第二期项目申报工作已经启动。

分布式光伏发电将成为中东部的增长极。2021年6月，国家能源局发布《关于报送整县（市、区）屋顶分布式光伏开发试点方案的通知》，要求整合资源实现集约开发。从2021年发展情况来看，中东部地区新增光伏发电装机规模中分布式占比约55%。随着新增可再生能源不纳入能源消费总量控制政策的落地实施，中东部地区作为能源消费大省，考虑土地资源紧张等客观实际，分布式光伏发电将有望再创新高。

2 光伏发电开发利用模式持续多元化

光伏发电将保持多品种协同发展特点，并进一步与其他行业实现融合发展。在多品种协同发展方面，除"光伏+储能"外，将继续加大水风光、风光火储、区域耦合供暖等多品种协同发展；融合发展方面，光伏发电等新能源将持续深化与农业、林业、生态环境、乡村振兴等行业的融合，不断拓展新能源发展新领域、新场景。

3 光伏发电技术加速迭代

大尺寸光伏电池将成为主流。由于能够获得更低的度电成本，近年来晶体硅电池单片不断向大尺寸发展，并在上年实现市场占比的快速提升。2022年将进一步延续这一趋势，182毫米以上尺寸电池市场占比有望达到七成以上。n型电池有望快速增长。目前p型PERC电池占据九成以上的市场份额，n型电池尚在推广阶段，其发展速度取决于其与PERC电池的成本与效率的差异。行业持续提效降本、设备优化为n型电池的发展提供了机遇。根据各主流厂商扩产计划，2022年n型电池（TOPCon与HJT电池）产能规模将达40~50吉瓦。若n型电池降本以及良率控制能够取得突破，其市场占有率发展将有望超过预期。

4 光伏发电绿色环境价值将进一步凸显

《关于试行可再生能源绿色电力证书核发及自愿认购交易制度的通知》（发改能源〔2017〕132号）明确，绿证是新能源发电量的环境属性证明和消费绿色电力的唯一凭证，光伏发电企业可以通过出售绿证获得环境价值收益。截至2021年底，全国累计绿证认购数量约62万张，对应6.2亿度风光绿色发电量，参与绿证认购的企业涉及制造、电气、化工、服务等多个行业，其中制造业占比超过50%。随着我国"碳达峰、碳中和"目标的深入推进，以及欧盟碳边境调节税的提出，目前社会绿色电力消费需求逐步提升，将进一步激发绿证市场活力，推动建立健全新能源环境权益交易体系，光伏等新能源绿色环境价值将进一步凸显。

声 明

本报告成果归水电水利规划设计总院等编制单位所有,未经许可,任何单位或个人不得以任何形式复制、转载。

本报告相关内容、数据及观点仅供参考,不作为投资等的决策依据,报告编委会不对因使用本报告内容导致的损失承担任何责任。

如无特别注明,本报告各项中国统计数据不包括香港特别行政区、澳门特别行政区和台湾省的数据。部分数据因四舍五入的原因,存在总计与分项合计不等的情况。

本报告部分数据及图片引自水电水利规划设计总院、中国光伏行业协会、国家电力投资集团有限公司、中国气象局等单位发布或提供的资料,在此一并声明并致谢!